D1704534

Kunsthandwerk der Seeleute

Kunsthandwerk der Seeleute

Modellbau, Halbmodelle, Buddelschiffe, Fancywork

TEXTE VON ISABELLE DARRIGRAND

FOTOS VON PATRICK LEGER

Halbmodelle, Modelle, Buddelschiffe von Yves Gaignet

Dioramen von Maurice Parisot

Sandflaschen von Yves Gaignet und Patrick Leger

Fancywork von Pierre Lenormand

Stickarbeiten von Marine Leportois-Bonduelle

Muschelcollagen von Marie-Françoise Héron

Titel der französischen Originalausgabe:
Jeux de mains, jeux de marins

Die Deutsche Bibliothek – CIP-Einheitsaufnahme

Kunsthandwerk der Seeleute: Modellbau, Halbmodelle, Buddelschiffe, Fancywork / Texte von Isabelle Darrigrand.
Fotos von Patrick Leger.
Halbmodelle, Modelle, Buddelschiffe von Yves Gaignet.
Dioramen von Maurice Parisot.
Sandflaschen von Yves Gaignet und Patrick Leger.
Fancywork von Pierre Lenormand.
Stickarbeiten von Marine Leportois-Bonduelle.
Muschelcollagen von Marie-Françoise Héron.
[Aus dem Franz. von Erik von Krause]. –
Bielefeld: Delius Klasing, 1996
Einheitssacht.: Jeux de mains, jeux de marins <dt.>
ISBN 3-7688-0954-4
NE: Darrigrand, Isabelle; Leger, Patrick;
Krause, Erik von [Übers.]; EST

ISBN 3-7688-0954-4

Die Rechte für die deutsche Ausgabe liegen beim Verlag
Delius, Klasing & Co., Bielefeld
Aus dem Französischen von Erik von Krause
Schutzumschlaggestaltung: Buchholz/Hinsch/Hensinger,
Hamburg
Printed in Italy 1996

Inhalt

HALBMODELLE

Man sagt, die andere Hälfte des Rumpfes habe sich in der Wand versteckt. Sie hängen in Marine-Museen, in Yachtclubs oder bei Yachtkonstrukteuren, über dem Kamin, bei Sammlern oder Reedern, man findet sie auf Flohmärkten, in manchen Antiquitätengeschäften und bei Liebhabern: die Halbmodelle.

Manche Halbmodelle sind über einen Meter lang. Durch die Verwendung unterschiedlich farbiger Hölzer verdeutlichen sie die Konstruktionsideen der Bootsbauer. Der Gesamteindruck sollte immer eine Augenweide sein.

Die ältesten Halbmodelle stammen aus dem Ende des 18. Jahrhunderts, in größeren Mengen aber wurden sie zwischen 1890 und 1930 angefertigt. Zu Zeiten, als es für Fischerboote praktisch keine und für andere Schiffe kaum Konstruktionszeichnungen gab, dienten Halbmodelle den Bootsbauern als Vorlage.
Es waren empirische Handwerkszeuge, um immer schnellere, sicherere und komfortablere Boote planen und bauen zu können.
Sofern eine Werft einen Auftrag erhalten hatte, konnte der Konstrukteur oder der Bootsbauer-Meister zwischen zwei Methoden wählen: er konnte sich dafür entscheiden, mehrere Holzbretter mit Hilfe zweier Zapfen zusammenzufügen und ihnen dann mit Stemmeisen und Schnitzmessern die Form des Rumpfes verleihen. Wenn er schließlich mit dem Ergebnis zufrieden war, konnte er die Zapfenverbindungen lösen und das Halbmodell wie einen Baukasten wieder auseinandernehmen. Er konnte aber auch einen massiven Holzblock nehmen und die Form nach seinen Eingebungen und Erfahrungen herausarbeiten. Er hatte das Ergebnis zu beurteilen, konnte hier und da ein wenig nacharbeiten und korrigieren. Wenn er schließlich zufrieden war, präsentierte er das Halbmodell dem Auftraggeber, um sich dessen Einwilligung zum Bau geben zu lassen. Dann schnitt er die Modelle parallel zur Wasserlinie und quer zur Längsrichtung auf. Von diesen Wasserlinien- und Spantstücken des Halbmodells

Das Halbmodell der SHAMROCK V, *der letzten Yacht aus einer Reihe schöner schneller Segler, die im Auftrag von Sir Thomas Lipton gebaut worden sind. Das Boot trug den Spitznamen „The Challenger" und war im Jahre 1930 die erste J-Klasse-Yacht, die als Herausforderer um den America's Cup segelte.*

SHAMROCK V & SIR THOMAS LIPTON

SHAMROCK V war 36,5 Meter lang, 5,9 Meter breit und hatte einen Tiefgang von 4,5 Metern.

Sie besaß eine Gesamtsegelfläche von fast 700 m².

wurden dann die Maße für den Bau des Originals abgenommen. Aus dem Halbmodell entstand so ein neues Schiff. Ab den 30er Jahren verdrängten echte Konstruktionszeichnungen mehr und mehr die Halbmodelle als Bauvorlage. Und damit begann eine neue Tradition – viele Werften gewöhnten sich an, ihren Auftraggebern Halbmodelle zum Geschenk zu machen. Sie wurden zur Dekoration und aus Stolz in die Büros von Reedern und in die Wohnstuben passionierter Segler gehängt. Heute haben Halbmodelle ihre ursprüngliche Bestimmung verloren und werden statt aus Bauholz aus seltenen Hölzern gebaut, mit perfektem Finish und manchmal sogar mit Beschlägen versehen. Sie sind zu Kunstwerken geworden, die an die Zeiten der großen Segelschiffe oder an die eigene Yacht erinnern.

Der größte Wunsch von Sir Thomas Lipton war der Gewinn des America's Cup. Als er die SHAMROCK V *von dem Konstrukteur Charles E. Nicholson zeichnen ließ, wollte er damit dem amerikanischen Boot den Schneid abkaufen. Vergeblich...*

Geeignete Hölzer

Als die ersten Halbmodelle entstanden, kümmerten sich ihre Erbauer wenig um ästhetische Gesichtspunkte. Sie verwendeten Hölzer, die ihnen gerade in die Hände fielen, Holzarten, wie sie von den Bootswerften verwendet wurden: Eiche, Ulme, Mahagoni, Fichte, Kiefer oder Teak. Heutzutage werden dekorative Hölzer benutzt, vor allem auch Kombinationen aus verschiedenen Sorten. Am häufigsten werden Halbmodelle aus Mahagoni, Oregonpine, Nußbaum, Rotzeder oder Birnbaum gebaut.

Die Eiche
Sie hat ein besonders schönes Holz, sehr hart allerdings und deshalb schwierig zu bearbeiten. Eiche ist bräunlich-gelb und etwas porös. Sie wird nach wie vor häufig im Bootsbau benutzt.

Um mit Holz arbeiten zu können, sind keine komplizierten Werkzeuge notwendig. Wie schon vor Jahrhunderten benötigt man eine Säge, einen Hobel sowie verschiedene Stemmeisen und Schnitzmesser. Die Werftarbeiter des 19. Jahrhunderts fertigten Halbmodelle ausschließlich mit Hilfe eines Messers an. Bevor man mit der Arbeit beginnt, sollte man den Zustand seiner Werkzeuge überprüfen – die Schneiden müssen möglichst scharf sein. Das Abziehen über einen Ölstein schärft jede Klinge im Nu.

Die besten Werkzeuge eines Holzschnitzers
Alle abgebildeten Werkzeuge erlauben eine sehr präzise Arbeit. Sie sind im Grunde nichts anderes als Verlängerungen der Hände. Wenn man nicht gewohnt ist, damit umzugehen, sollte man an einem beliebigen Stück Holz üben, bevor man ernsthaft an die Arbeit geht.

Ein historisches Schnitzmesser des 19. Jahrhunderts.

Ein flaches Stemmeisen mit beidseitig abgeschrägter Klinge (rechts

Holz – ein sehr unterschiedliches Material

Im allgemeinen werden Halbmodelle aus eher harten Holzarten gebaut. Die optisch besten Ergebnisse liefern vor allem exotische Sorten, die auch häufig im Bootsbau eingesetzt werden. Aber es spricht natürlich nichts dagegen, rustikale Holzarten wie Eiche zu verwenden. Die Wahl der Holzarten hängt davon ab, welcher Schiffstyp dem Halbmodell als Vorlage dient oder welche Farbe zum Beispiel das Unterwasserschiff haben soll. Ein feines, exotisches Holz eignet sich eher für eine Yacht, Oregonpine für eine amerikanische Konstruktion. Jede Holzart hat ihre typischen Farbnuancen. Kombiniert man Holzarten unterschiedlicher Farben für Unter- und Überwasserschiff, erhält man automatisch eine deutliche Wasserlinie. Welches Holz man auch immer benutzen möchte, es muß so trocken wie nur möglich sein, damit es später nicht arbeitet und das Halbmodell Risse bekommt!

Ein rechter Winkel zum Anlegen und Anreißen sorgt für gerade Sägeschnitte und ist zur Kontrolle der übereinander zu schichtenden Holzplatten unbedingt notwendig.

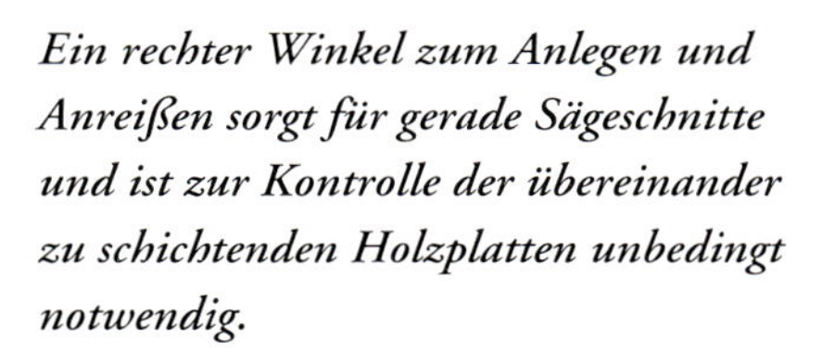

Ein großer, schwerer Hobel mit scharfer Klinge ist wichtig für die grundlegende Formgebung des Holzblocks.

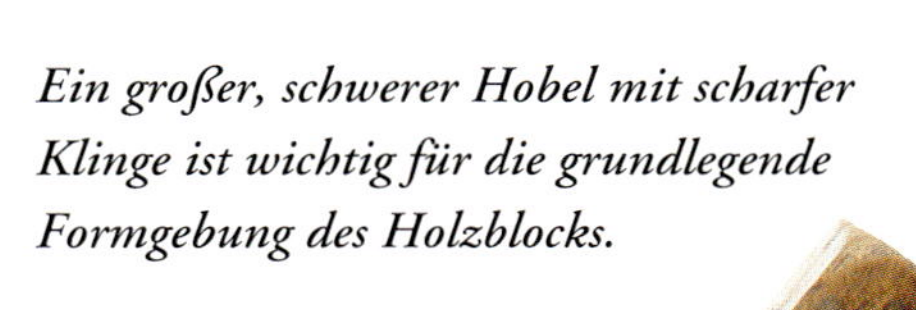

Nußbaum

Es gibt verschiedene Nußbaum-Arten: die Königsnuß hat eine gräulich-braune Färbung mit fast schwarzen Einschlüssen. Amerikanischer Nußbaum ist dunkelbraun. Das Holz ist leicht zu bearbeiten und hat eine schöne Oberfläche. Es wird viel von Holzschnitzern benutzt.

Birne

Das Holz ist solide und bekannt für seine Langlebigkeit. Es ist ebenfalls leicht zu bearbeiten und hat eine schöne Oberfläche. Seine Farbe ist schwaches Braunrosé, die Maserung ist sehr gleichmäßig. Es wird vor allem für die Herstellung von Details an Deck genutzt.

Oregonpine

Dieses amerikanische Nadelholz ist recht hell und hat eine gleichmäßige, parallele Maserung.

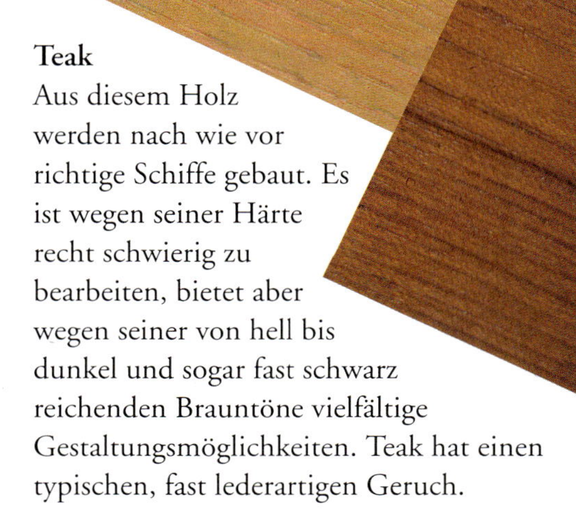

Teak

Aus diesem Holz werden nach wie vor richtige Schiffe gebaut. Es ist wegen seiner Härte recht schwierig zu bearbeiten, bietet aber wegen seiner von hell bis dunkel und sogar fast schwarz reichenden Brauntöne vielfältige Gestaltungsmöglichkeiten. Teak hat einen typischen, fast lederartigen Geruch.

Mahagoni

Die schönsten Mahagoni-Arten kommen aus Südamerika und Afrika. Die Farbe reicht von einem blassen Rosa bis hin zu einem kräftigen Rotbraun. Die Maserung kann wellig sein. Das leichte und harte Holz ist ein traditionelles Bootsbaumaterial.

Mammutbaum

Dieses Holz stammt aus den größten Bäumen, die es gibt. Sie wachsen ausschließlich in Kalifornien. Das mittelbraunrötliche Holz kann auch eine sehr dunkle Färbung haben. Es ist leicht zu bearbeiten und erhält eine schöne Oberfläche.

Nachdem Sie sich für eine oder mehrere Holzarten entschieden haben, muß nun überlegt werden, von welchem Schiff ein Halbmodell gebaut werden soll. Da Sie in der Regel aber weder Bootsbauer noch Konstrukteur sind, kommt ein eigener Entwurf wohl nicht in Frage. Normalerweise wird man sich für ein Schiff entscheiden, das existiert hat oder noch schwimmt und dadurch seine unsterblichen Qualitäten bewiesen hat. Es geht also zunächst darum, den Bauplan eines Schiffes zu bekommen, nach dem man das Halbmodell fertigen will. Fündig wird man in Bibliotheken, Museen, Archiven oder in Werftunterlagen und vor allem in älteren Zeitschriften.

Halbmodelle können grundsätzlich auf zwei verschiedene Arten gebaut werden: die klassische Methode ist die Verleimung horizontaler Holzschichten. Diese Modelle werden hauptsächlich in Europa gebaut. In den Vereinigten Staaten dagegen werden sie auch häufig aus vertikalen Schichten zusammengeleimt.

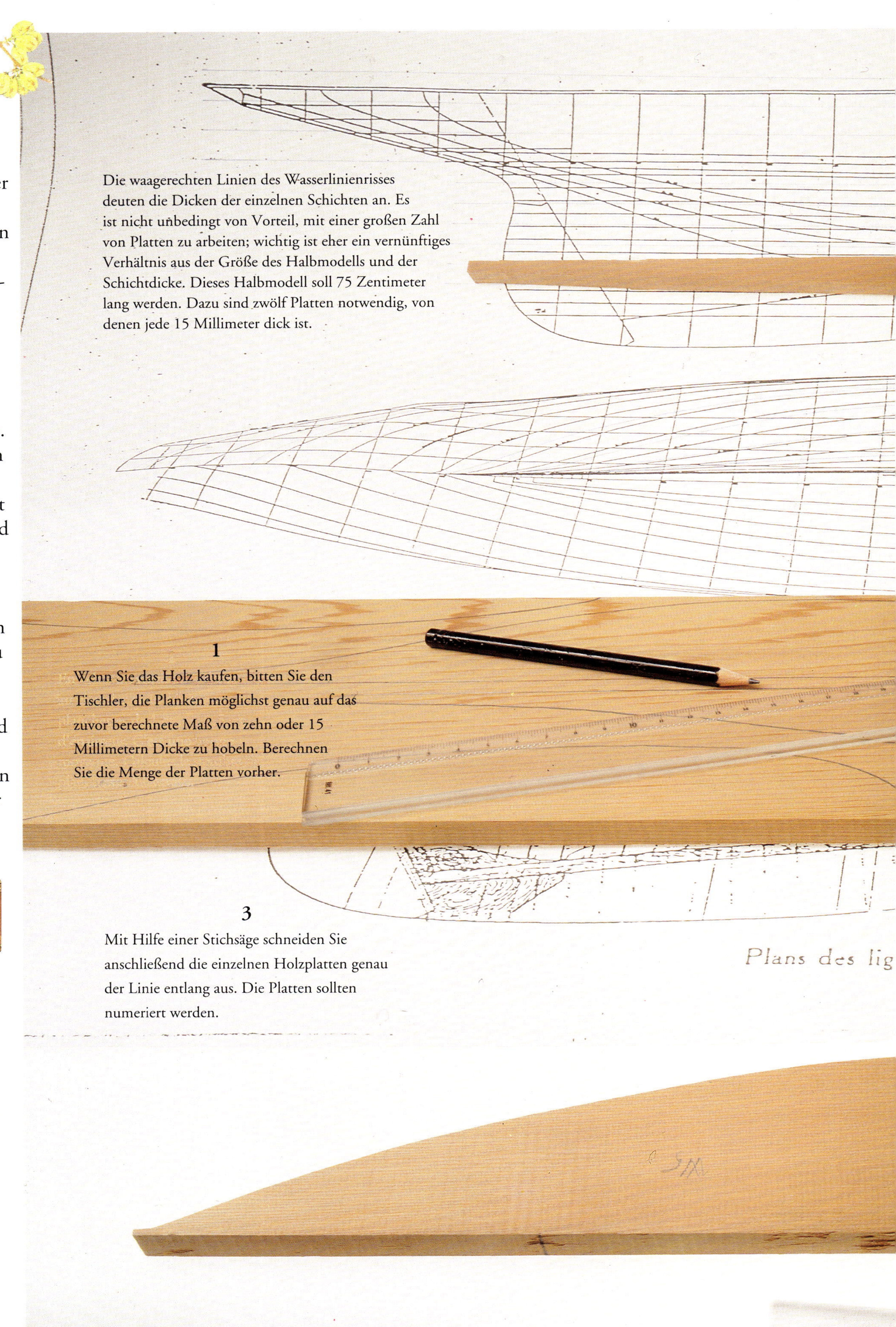

Die waagerechten Linien des Wasserlinienrisses deuten die Dicken der einzelnen Schichten an. Es ist nicht unbedingt von Vorteil, mit einer großen Zahl von Platten zu arbeiten; wichtig ist eher ein vernünftiges Verhältnis aus der Größe des Halbmodells und der Schichtdicke. Dieses Halbmodell soll 75 Zentimeter lang werden. Dazu sind zwölf Platten notwendig, von denen jede 15 Millimeter dick ist.

1

Wenn Sie das Holz kaufen, bitten Sie den Tischler, die Planken möglichst genau auf das zuvor berechnete Maß von zehn oder 15 Millimetern Dicke zu hobeln. Berechnen Sie die Menge der Platten vorher.

3

Mit Hilfe einer Stichsäge schneiden Sie anschließend die einzelnen Holzplatten genau der Linie entlang aus. Die Platten sollten numeriert werden.

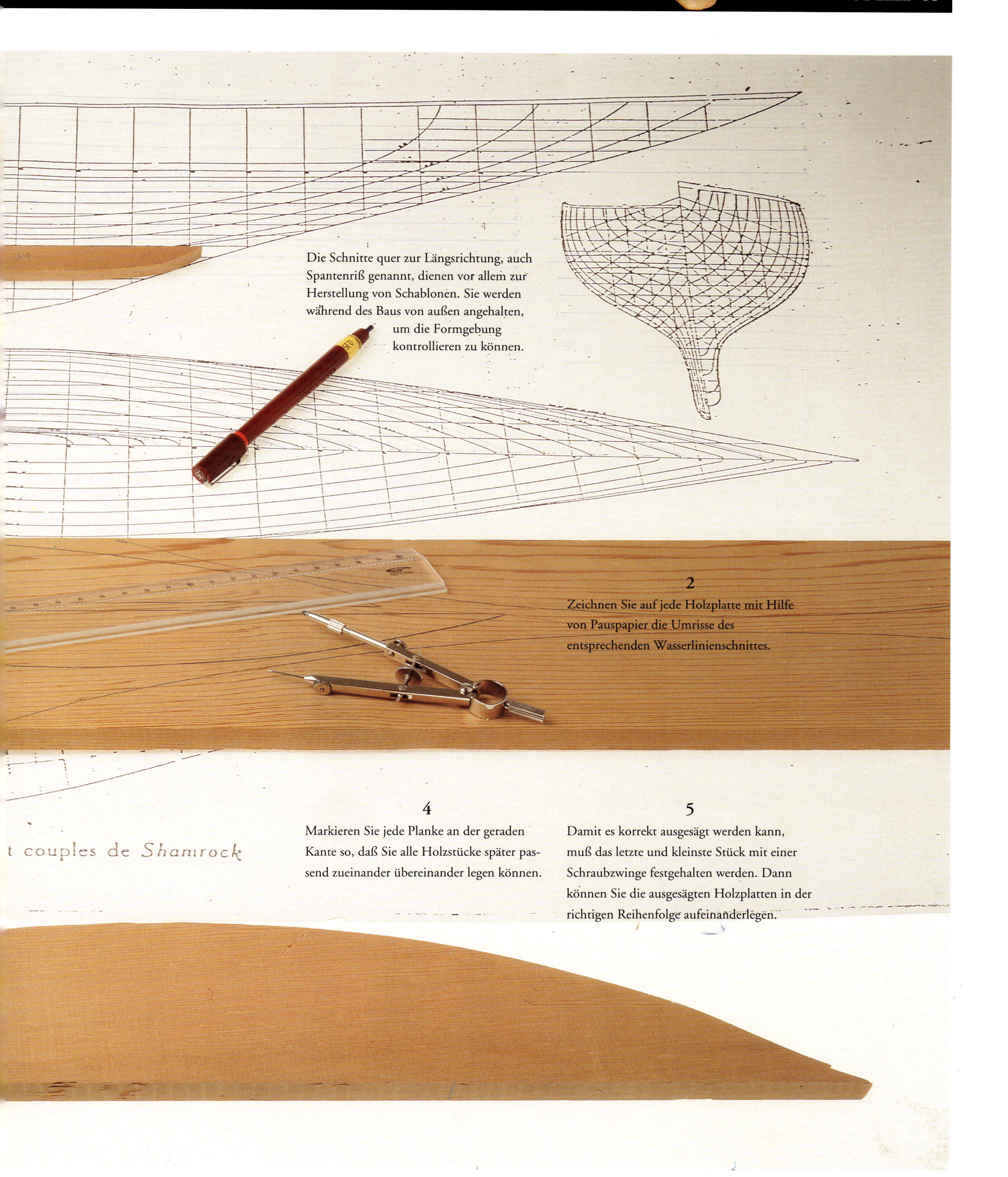

Die Schnitte quer zur Längsrichtung, auch Spantenriß genannt, dienen vor allem zur Herstellung von Schablonen. Sie werden während des Baus von außen angehalten, um die Formgebung kontrollieren zu können.

2

Zeichnen Sie auf jede Holzplatte mit Hilfe von Pauspapier die Umrisse des entsprechenden Wasserlinienschnittes.

4

Markieren Sie jede Planke an der geraden Kante so, daß Sie alle Holzstücke später passend zueinander übereinander legen können.

5

Damit es korrekt ausgesägt werden kann, muß das letzte und kleinste Stück mit einer Schraubzwinge festgehalten werden. Dann können Sie die ausgesägten Holzplatten in der richtigen Reihenfolge aufeinanderlegen.

Der Rohbau

Ihre Holzplatten sind mit der Stichsäge sauber ausgesägt. Im Idealfall entspricht die Dicke der einzelnen Stücke exakt den Werten, die Sie aus dem Wasserlinienriß ermittelt haben. Auch wenn dieser Zustand selten ist, er vereinfacht die Arbeit erheblich. In den meisten Fällen aber wird es notwendig sein, entweder die einzelnen Platten nachträglich auf die richtige Dicke zu hobeln oder die Planung der tatsächlichen Dicke anzupassen.

Die Rotzeder ist eine amerikanische Holzart.

Der Ahornbaum liefert helles Holz.

Die Holzplatten sind fertig, jetzt müssen sie zusammengeleimt werden. Die groben Konturen des Halbmodells sind bereits zu erkennen. Am besten verwendet man handelsüblichen weißen Tischlerleim oder Zweikomponentenkleber auf Epoxid-Basis. Jetzt nichts überstürzen, der verleimte Holzklotz muß mindestens 24 Stunden trocknen.

In unserem Beispiel sind die Planken des Unterwasserschiffes aus Rotzeder, die des Überwasserschiffes aus Ahorn, einem sehr viel helleren Holz.

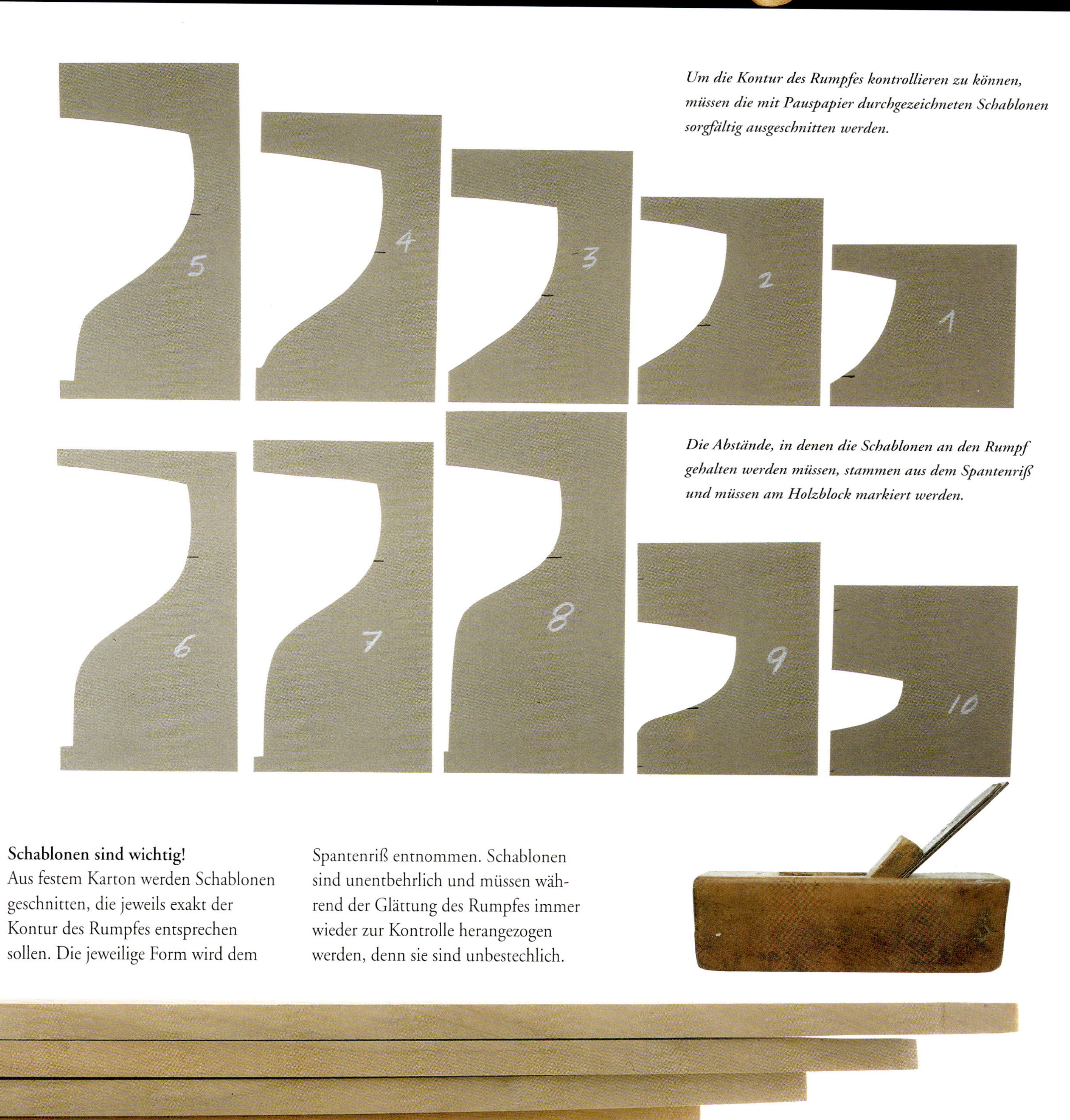

Um die Kontur des Rumpfes kontrollieren zu können, müssen die mit Pauspapier durchgezeichneten Schablonen sorgfältig ausgeschnitten werden.

Die Abstände, in denen die Schablonen an den Rumpf gehalten werden müssen, stammen aus dem Spantenriß und müssen am Holzblock markiert werden.

Schablonen sind wichtig!
Aus festem Karton werden Schablonen geschnitten, die jeweils exakt der Kontur des Rumpfes entsprechen sollen. Die jeweilige Form wird dem Spantenriß entnommen. Schablonen sind unentbehrlich und müssen während der Glättung des Rumpfes immer wieder zur Kontrolle herangezogen werden, denn sie sind unbestechlich.

Wenn die einzelnen Holzplatten richtig übereinandergeleimt worden sind, erkennt man im Rohbau bereits das Profil des Modells. Das Überwasserschiff ist aus hellem, das Unterwasserschiff aus dunklerem Holz. Zum ersten Mal wird das typische Profil des Langkielers deutlich.

Der Künstler ist gefragt

Holzwerkzeuge, verschiedene Hobel, Zeichnungen, Schablonen – jetzt muß wie ein Holzschnitzer gearbeitet werden. Aus einem zusammengeleimten Stapel von Holzplatten soll ein Halbmodell werden, gefertigt mit den eigenen Händen. Die Grundform zeigt sich bereits, jetzt geht's an die Feinheiten. Vorsicht, jeder Arbeitsgang zählt.

Beginnen Sie mit der Abtragung überflüssigen Materials mit einem großen Hobel. Für die Feinheiten sind kleine Hobel unerläßlich.

Zunächst wird viel überschüssiges Material mit einem großen Hobel entfernt. Es ist ein schweres Werkzeug, das mit großer Vorsicht benutzt werden muß. Der Hobel eignet sich allerdings nur an den konvexen, nach außen gewölbten Rumpfstellen. Bereits in diesem Stadium muß ständig mit Hilfe der Schablonen kontrolliert werden.

Nachdem die groben Konturen mit dem Hobel erreicht worden sind, geht es mit gut geschärften Schnitzmessern und Stemmeisen weiter. Zunächst werden vorsichtig die Sägekanten weggenommen. Immer wieder müssen die Schablonen angehalten werden, um die Form zu kontrollieren. Bedenken Sie, daß Sie zu viel weggenommenes Material nicht wieder anflicken können! Und denken Sie daran, daß verschiedene Holzarten unterschiedlich hart sind. Sie müssen Ihre Kraft deshalb bei jedem Holz vorsichtig neu dosieren. Wenn Sie mit dem Schnitzmesser und den Stechbeiteln fertig sind, steht die langwierige Arbeit des Schleifens an. Beginnen Sie mit Papier der Körnung 80 und wechseln Sie dann Stück für Stück auf immer feineres Sandpapier.

Das Halbmodell erhält so allmählich seine endgültige Form.

Malen und Lackieren

Vor Ihnen liegt ein perfektes Halbmodell aus naturbelassenen Hölzern. Alles stimmt. Was noch fehlt, ist die Seele, die aus dem toten Holz ein lebendiges Abbild der SHAMROCK V macht, der Königin der Meere von einst. Damit Ihre Arbeit perfekt wird, benötigen Sie nun Farbe, Lack und viel Sorgfalt. Geben Sie dem Halbmodell den letzten Schliff, die Brillanz.

Um Farbe und Klarlack perfekt zu trennen, verwendet man ein glattes Spezialklebeband. Es sollte möglichst schmal sein, damit es sich der Kontur des Rumpfes leicht anpaßt.

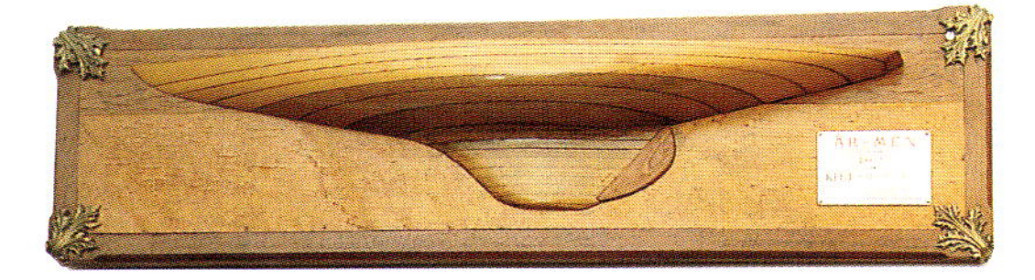

Natürlich kann man ein Halbmodell auch im ganzen mit Klarlack behandeln. Will man deckende Farben benutzen, muß man sich entscheiden, ob man sie willkürlich wählt oder ob man die Farbgebung des Originals nachahmt. Meist sehen die Originalfarben einfach am schönsten aus.

Verwenden Sie Pinsel mit geraden und elastischen Borsten.

Der Klarlack
Am besten eignet sich ein klarer Bootslack, der nicht zu dickflüssig sein sollte. Er verlangt weniger Erfahrung als der durchweg sehr dünnflüssige Kunsttischlerlack, der auf eine spezielle Art mit einem Lappen aufgetragen werden muß.

Wappnen Sie sich mit Geduld! Um eine perfekte Oberfläche zu bekommen, müssen Sie mindestens sieben Schichten Bootslack mit einem flachen, feinborstigen Pinsel auftragen. Professionelle Modellbauer lackieren ihre Stücke gar bis zu 15mal. Farbloser Lack bringt die natürliche Schönheit des Holzes optimal zur Geltung. Die meisten Halbmodelle werden auch unterhalb der Wasserlinie mit klarem Bootslack behandelt. Man kann aber natürlich auch einen farbigen Anstrich aufbringen und für das Unterwasserschiff ein Antifouling verwenden.

Verwenden Sie keinen abgetönten Klarlack und lassen Sie jede Schicht gut durchtrocknen.

Um dem mindestens dreifach lackierten Überwasserschiff noch mehr Tiefe und Brillanz zu verleihen, lackieren Sie abschließend das gesamte Halbmodell mit Bootslack.

Baut man das Halbmodell einer bekannten klassischen Yacht, ist die Farbgebung kein Problem. Wenn Sie allerdings nur nach einem alten Plan arbeiten, wird es schwierig festzustellen sein, wie das Schiff einmal ausgesehen hat. Die am meisten verwendeten Farben der Yachten um die Jahrhundertwende sind Schwarz, Weiß, Dunkelgrün und Dunkelblau.

Der letzte dekorative Touch ist eine dünne Linie, die dicht unterhalb der Deckskante verläuft und vom Bug bis zum Heck reicht. Mit Hilfe einer Anreißfeder und goldener Tusche läßt sich diese Linie relativ leicht und genau aufbringen. Damit wird Ihr Halbmodell zu einer wahren Augenweide.

Die Schmucklinie
Verwenden Sie dünnflüssige, goldfarbene Tusche. Stellen Sie die Anreißfeder so ein, daß der Abstand der Linie zur Deckskante optisch ausgewogen wirkt. Tragen Sie die Linie sorgfältig und vorsichtig auf.

Wenn alle oberflächlichen Arbeiten abgeschlossen sind, kann das Halbmodell auf einer Platte befestigt werden.

Der letzte Pfiff

Das Halbmodell ist fertig und kann von hinten auf eine Platte geschraubt werden. In unserem Beispiel haben wir Mahagoni mit den Abmessungen 100 mal 25 Zentimeter gewählt und eine Zierlinie an den Kanten aufgebracht. Das Halbmodell sollte immer einen Namen erhalten. Man kann den Namen einfach direkt auf die Holzplatte malen oder aber eine Platte aus Kupfer oder Messing gravieren lassen.

Ihr Halbmodell ist fertig! Sie werden nicht müde werden, es zu bewundern, die warmen Reflexe der Lackierung zu genießen und es auf Ihre Sinne wirken zu lassen. Aber wenn Sie Ihr Werk auch Ihren Freunden wirkungsvoll präsentieren wollen, müssen Sie einen geeigneten Platz an einer Wand dafür finden. Um das Halbmodell entsprechend präsentieren zu können, dürfen Sie mit der bisher so präzisen Arbeit nicht nachlassen. Am besten sieht ein Halbmodell auf einem schönen, geraden Stück lackierten Holzes aus, eventuell sogar mit einer gravierten Messingplatte verziert.

Manchmal ist das Halbmodell nur ein Element auf einer schön verzierten Tafel.

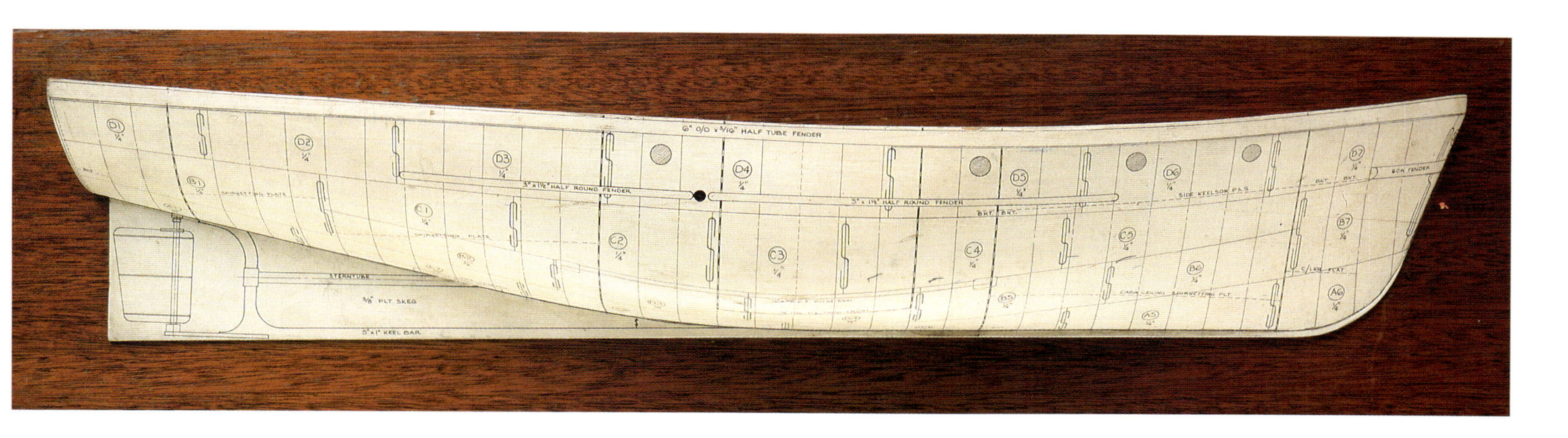

Halbmodelle von Bootsbauern:
Das oben abgebildete Modell ist mit Spanten und anderen funktionellen Details aus dem Linienriß verziert. Andere Halbmodelle sind äußerst sorgfältig lackiert und auf sehr einfachen oder zum Teil auch aufwendig mit Profilleisten versehenen Platten befestigt. Manche Grundplatten werden mit zusätzlichen Dekorationen versehen. Alte, von Bootsbauern hergestellte Halbmodelle sind sehr selten und deshalb gesuchte Sammlerobjekte.

MALABAR II *ist ein bekannter Schoner, der 1922 gebaut worden ist. Als Modell gefertigt, kann die berühmte, schnelle und seetüchtige Yacht bei Ihnen zu Hause ihre Schönheit präsentieren.*

MODELLBAU

Wenn man ein richtiges Modell einer Yacht oder eines Schiffes baut, bedeutet das, die Sprache des Meeres zu lernen, sich mit der Tradition des Schiffbaus zu beschäftigen, sich die Fähigkeiten der Bootsbauer anzueignen, Geduld zu beweisen, die Gewohnheiten, die Kultur, die Liebe der Modellbauer zu verstehen und schließlich sich stundenlang unmittelbar auf seine Träume konzentrieren zu können. Die Qualität eines Vollmodells hängt ausschließlich von der Verarbeitung und vielen, oft unsichtbaren Details ab. Dazu gehören zum Beispiel die Beschläge, die Takelage und die Segel. Ein gut wirkendes Modell ist so ausgestattet, daß man den Eindruck hat, das Boot könne jederzeit ablegen und in See stechen. Es fehlt nur die Mannschaft, die es bedient.

Für Anfänger sind am besten kleine Modelle geeignet, die aus einem massiven Holzblock herausgearbeitet werden müssen...

...und die eine reine Holzschnitzerarbeit darstellen. Es ist vielleicht die einfachste Methode, aber sie hat ihre Grenzen. Größere Modelle, bei denen Genauigkeit im Detail gefragt ist, lassen sich so nur schwer fertigen.

Die Geschichte des Modellbaus reicht weit zurück. Sie spiegelt die enge Verbindung wider, die seit Jahrtausenden zwischen Menschen und Gebrauchsobjekten entstanden ist. Das älteste bekannte Schiffsmodell wird auf 4000 vor Christus datiert und wurde in Galiläa gefunden. In Ägypten, auf Kreta, im alten Griechenland, bei den Etruskern und im alten Rom spielten Schiffe auch religiöse und rituelle Rollen, vor allem bei Totenbestattungen. Man gab Verstorbenen ein Schiffsmodell mit ins Grab, auf dem die Seele durch den Spiegel fahren konnte, hinter dem sich die Welt der Toten befand. Schiffe waren eben das beste Transportmittel früher Zeiten. Etwa ab dem 17. Jahrhundert – die katholische Kirche hatte die heidnischen Begräbnisrituale abgeschafft – wurden mehr und mehr Modelle gebaut, um die Technik des Schiffbaus zu verbessern. Schließlich gingen viele Werften dazu über, ihren Kunden Modelle ihrer Aufträge zu schenken, die sie dann in ihren Geschäftsräumen aufstellten. Viele Modelle wurden auch von Kriegsgefangenen gebaut, die sich damit von ihrem tristen Dasein ablenken wollten. Sie benutzten oft Knochen aus Essensresten und bauten unter denkbar schlechtesten Voraussetzungen ihre Modelle allein aus dem Gedächtnis.

Der Rumpf

Der Rumpf ist der wichtigste Bestandteil des Modells und muß deshalb immer zuerst gebaut werden.

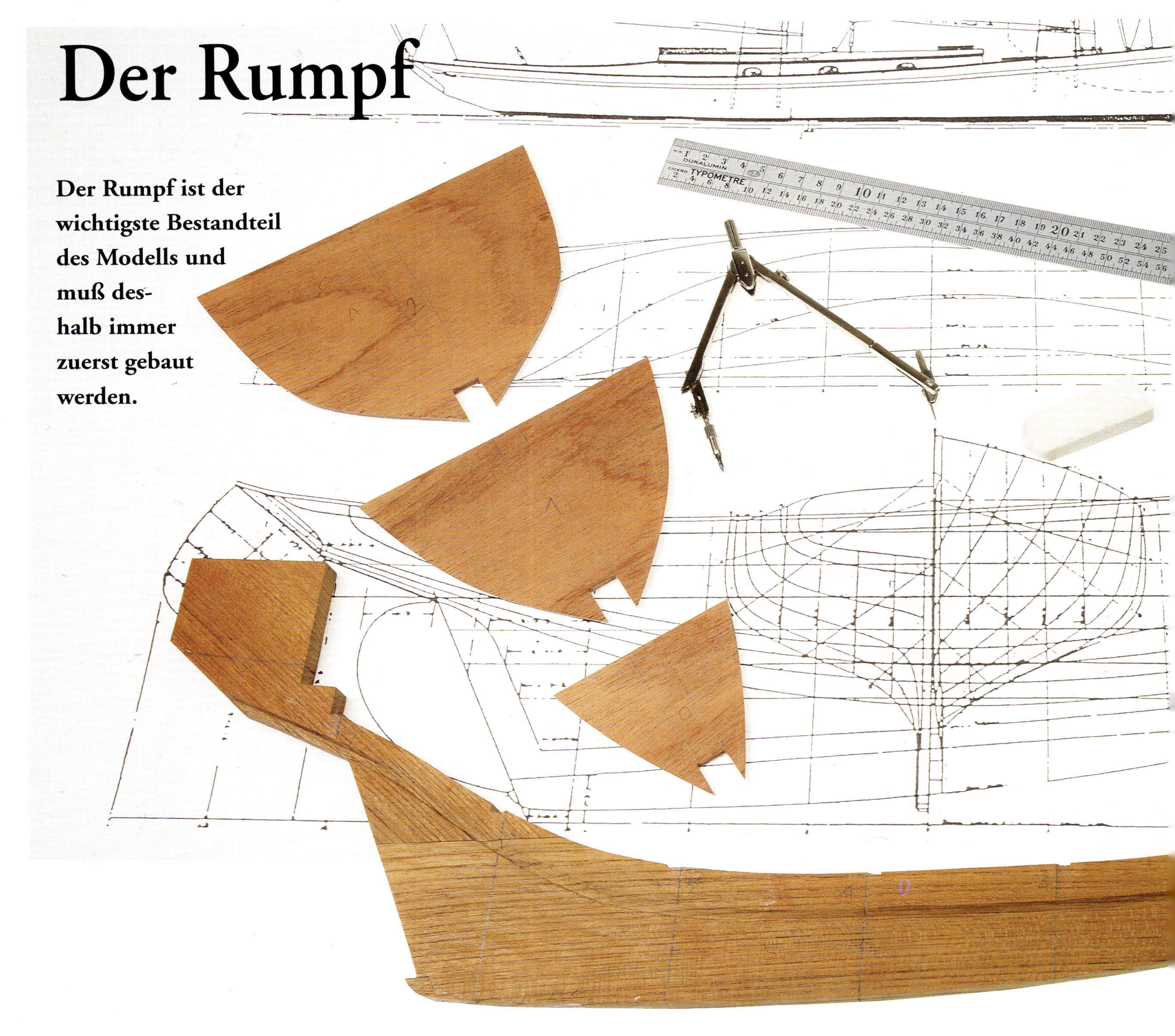

Wie auf einer richtigen Werft wird zuerst der Kiel gebaut, der die Länge des Modells festlegt und auf dem die Mallen befestigt werden. Ziel muß sein, einen symmetrischen Rumpf zu bauen, ohne den ein Schiff kein Schiff ist.

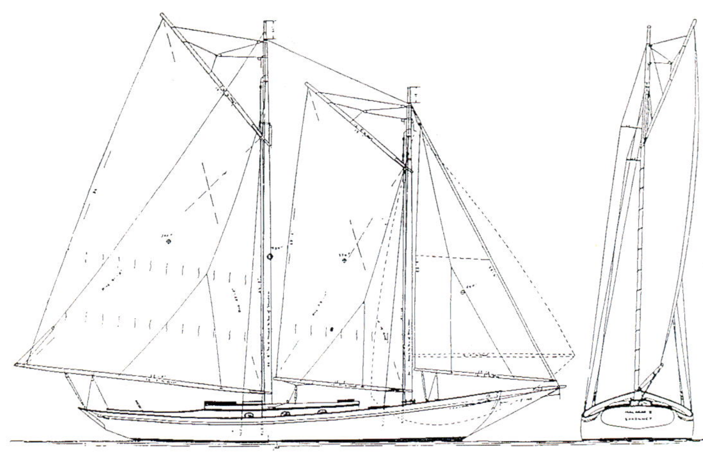

Wenn Sie Originalpläne verwenden, müssen Sie sie meist auf Ihre Belange umkonstruieren und in jedem Falle auf die gewünschte Größe bringen. Damit steht und fällt der Erfolg des späteren Modells. Um die wesentlichen Punkte genau übertragen zu können, besorgen Sie sich ein Millimeterlineal, einen Abgreifzirkel und einen dünnen Stift.

Nachdem Sie die Spantformen aus den Plänen auf das Holz übertragen haben, sägen Sie die einzelnen Mallen sorgfältig aus. Am besten eignet sich fünf bis acht Millimeter starkes Sperrholz. Als Mallen bezeichnet man die quer zum Kiel stehenden Schablonen, die in Verbindung mit dem Kiel das Skelett des Schiffes bilden. Um das Gerippe genau ausrichten zu können, wird eine vollkommen plane und verwindungsfreie Grundplatte benötigt. Auf diese Platte werden Hilfslinien für Kiel und Mallen übertragen.

Die Methode des Rumpfbaus mit Mallen und Beplankung ist die schwierigste von allen – aber auch die schönste und originalgetreueste. Wir werden unsere Modellyacht auf diese Art und Weise bauen.

In unserem Beispiel wird das Modell kopfüber gebaut. Es kann aber auch sinnvoll sein, den Bau mit dem Kiel nach unten zu beginnen.

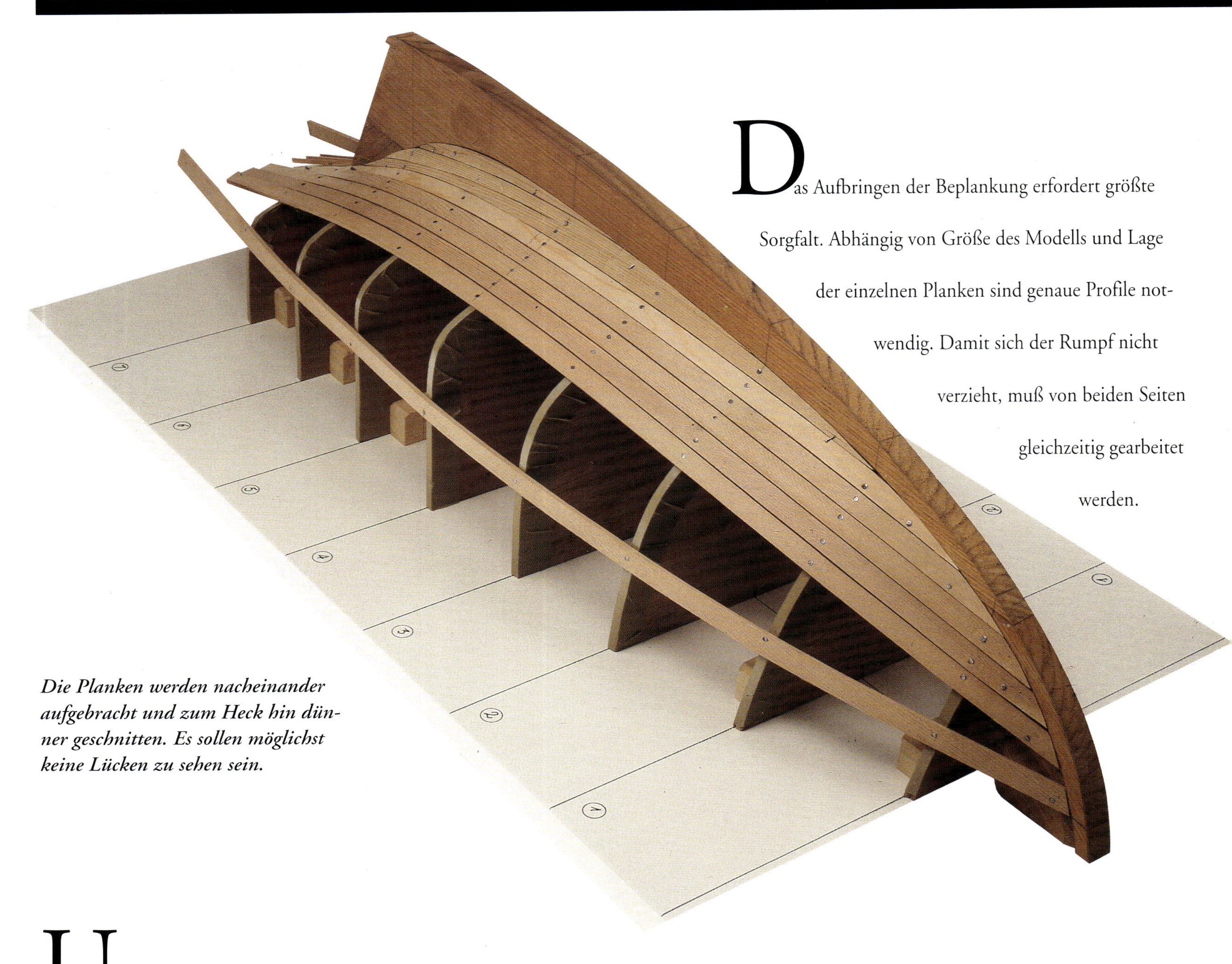

Das Aufbringen der Beplankung erfordert größte Sorgfalt. Abhängig von Größe des Modells und Lage der einzelnen Planken sind genaue Profile notwendig. Damit sich der Rumpf nicht verzieht, muß von beiden Seiten gleichzeitig gearbeitet werden.

Die Planken werden nacheinander aufgebracht und zum Heck hin dünner geschnitten. Es sollen möglichst keine Lücken zu sehen sein.

Um die einzelnen Planken möglichst genau anpassen zu können, muß man viel Geduld aufbringen. Die dünnen Leisten – in unserem Beispiel sind sie drei Millimeter dick und zehn Millimeter breit – müssen immer wieder angehalten werden, um ihre Form kontrollieren zu können. Die Leisten werden auf die Mallen genagelt und mit Epoxid-Kleber untereinander verleimt. Die dünnen Nägelchen werden später entfernt.

Wenn Sie den fertig beplankten Rumpf zum ersten Mal mit Epoxid überziehen, lassen Sie die Köpfe der Nägel frei, damit Sie sie später entfernen können.

Meer und Schiffe – für diesen Seemann bedeuten sie alles!

Das Schöne am Modellbau mit Planken ist, daß man ein richtiges kleines Boot baut – wie zu den goldenen Zeiten der großen hölzernen Schiffe.

Wenn die Nägelchen entfernt sind, überstreichen Sie die Außenseite des Rumpfes mehrfach mit Epoxid. Sobald der Kleber völlig ausgehärtet ist, können die Mallen entfernt werden; sie haben keine Funktion mehr. Dann wird auch das Innere mit Epoxid überzogen. Schließlich wird mit feinem Papier geschliffen.

Die Decksbalken werden mit Hilfe von Wäscheklammern an Ort und Stelle gehalten, bis der Kleber ausgehärtet ist.

Die achtern hinausragenden Planken müssen sorgfältig angezeichnet und abgesägt werden. Dann wird der Spiegel aufgeleimt. Als nächstes folgen das Deck, die Aufbauten und die Luken. Dazu müssen zunächst stützende Decksbalken in das tragende Längsholz eingelassen und mit dem Rumpf verleimt werden. Der Rumpf wird dadurch sehr verwindungssteif.

Das Deck sollte aus dünnem Sperrholz (möglichst 1,5 Millimeter) gemacht werden, da es sehr biegsam sein muß. Vor dem Leimen müssen alle Öffnungen ausgesägt werden.

Das Deck wird unter Druck auf die Decksbalken geleimt, bis der Kleber richtig ausgehärtet ist.

Die alten Seeleute, die nach langen Jahren ihre Seekiste endgültig an Land gebracht hatten, brachten ihren Kindern das Modellbauen bei und vererbten so ihre Kunst weiter.

Das Deck

Für die Beplankung des Decks werden folgende Hilfsmittel benötigt: ein Cutter mit Ersatzklingen, ein Bleistift, ein Pinsel, Schnellkleber für Holz, einige Stecknadeln und dünne Streifen schwarzen Zeichenkartons. Das alles kostet nicht viel und ist leicht zu beschaffen. Die Decksplanken

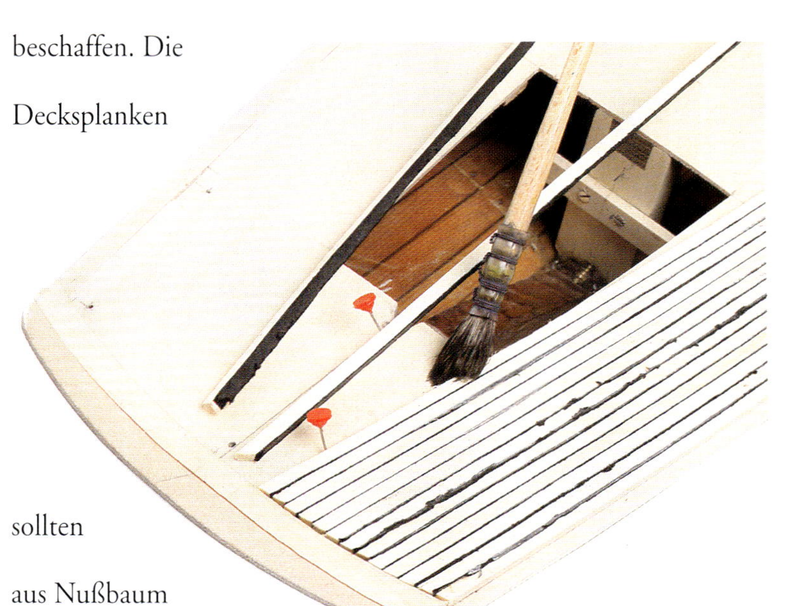

sollten aus Nußbaum oder Teakholz sein. Sie werden von außen nach innen verlegt, verklebt und mit Stecknadeln gehalten, bis der Leim getrocknet ist. Zwischen die Leisten wird jeweils ein dünner Streifen des schwarzen Zeichenkartons geklebt. Die später nur noch dünn sichtbaren schwarzen Kanten sehen aus wie die im Original mit schwarzer Dichtungsmasse ausgegossenen Decksfugen. Bei unserem Modell verlaufen die Decksplanken parallel zur Außenhaut, bei anderen können sie auch parallel zur Mittschiffslinie verlegt sein.

Die Ruderachse wird mit einem dünnen Bohrer gebohrt, die Plicht aus dünnem Sperrholz gebaut.

Die Enden der Decksplanken müssen so geschnitten sein, daß sie mit der geraden Mittelplanke gut abschließen. Das Schleifen des Decks darf nur mit feinem Schleifpapier erfolgen und ist erst dann beendet, wenn die schwarzen Nähte gleichmäßig zu sehen sind.

Wenn das Deck fertig ist, werden die Aufbauten aus drei Millimeter starkem Mahagoni fix und fertig zusammengeleimt, bevor sie mit dem Deck verklebt werden: die vier Seiten des Aufbaus, die Oberlichter, das Schiebeluk, der vordere Niedergang, das Cockpitsüll und das Schanzkleid mit Schandeckel.

Auf alten Schiffen befand sich die Kajüte weit achtern und diente dem Kapitän und seinem ersten Offizier als Unterkunft. Heute bezeichnet man den gesamten Aufbau als Kajüte. Unter dem Schiebeluk ist ein Niedergang eingebaut, über den man ins Innere des Schiffes, in den Salon und zu den einzelnen Kabinen, kommt. Manchmal gibt es auch einen Schutz für den Rudergänger.

Das umlaufende Schanzkleid wird aus zwei dünnen Streifen Mahagoni auf das Deck geleimt und mit dünnen Nägelchen gehalten. Das Schanzkleid erhält dann einen Schandeckel, der leicht nach innen übersteht. Das Deck des Aufbaus besteht aus 1,5 Millimeter starkem Sperrholz und wird weiß gemalt. Zuletzt werden die diversen Kleinteile wie zum Beispiel Handläufe, Bullaugen, Großbaumstütze und Ruderkasten mit Ruderrad aufgeleimt.

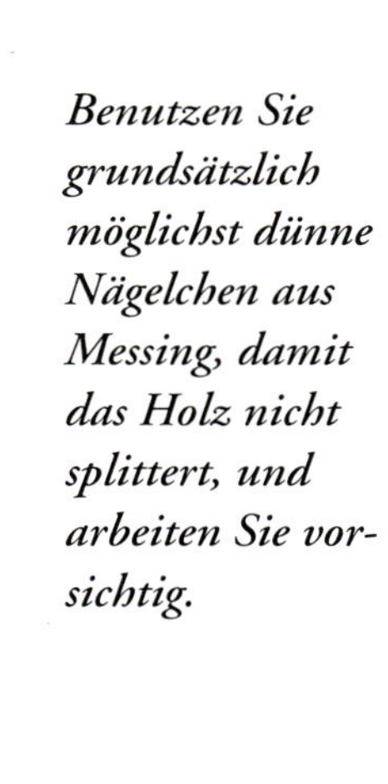

Benutzen Sie grundsätzlich möglichst dünne Nägelchen aus Messing, damit das Holz nicht splittert, und arbeiten Sie vorsichtig.

Der Anstrich

Um dem Modell zu seiner richtigen Optik zu verhelfen, muß der Rumpf sorgfältig lackiert werden. Sie erhalten nur dann ein optimales Ergebnis, wenn Sie den Lack aller sieben notwendigen Farbschichten mit Geduld aufbringen. Jede Lage muß vollkommen aushärten und ist dann mit immer feinerem Papier überzuschleifen. Wer eine Spritzpistole besitzt und damit umgehen kann, erzielt das bestmögliche Ergebnis. Wasserlösliche Lacke härten deutlich schneller aus als solche, denen Verdünnung zugesetzt ist. Deshalb kann diese Arbeit einen Tag oder auch eine Woche dauern.

Zuerst wird eine graue Grundierung aufgebracht, die etwas dickflüssig ist und kleine Unregelmäßigkeiten verdeckt.

Um die Wasserlinie anzeichnen zu können, muß das Modell waagerecht aufgestellt werden. Dann wird ein Bleistift auf ein Gestell montiert und die Linie markiert.

Beide Seiten der markierten Linie werden dann mit dünnem, glattem Klebeband sorgfältig abgedeckt. Erst danach wird die Wasserlinie weiß lackiert.

Dann wird die Wasserlinie abgeklebt und der gesamte Rumpf mehrfach schwarz lackiert. Man beginnt dabei immer mit dem Überwasserschiff, also oberhalb der Wasserlinie.

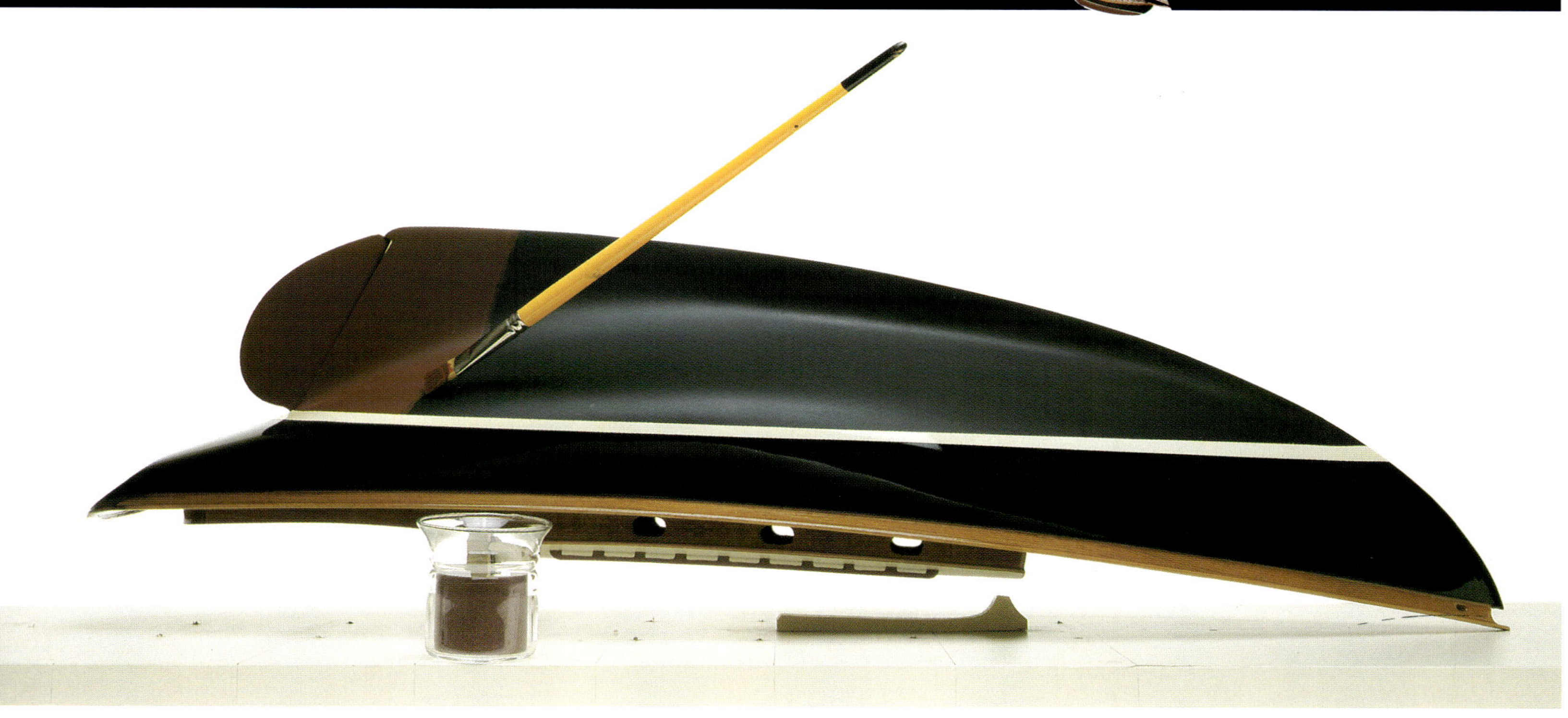

Für das Unterwasserschiff haben wir ein mattes Rostrot gewählt. Es entspricht in etwa den früheren sogenannten Antifouling-Farben, die einen Bewuchs des Rumpfes mit Algen und Muscheln verhindern sollten. Diese Farben hatten Zusätze aus giftigen Partikeln, die sich allmählich lösten und deshalb immer wieder erneuert werden mußten. Um eine optimale Lackierung zu erreichen, können Sie den Rumpf anschließend noch mit Klarlack behandeln.

Das großartige Endergebnis.

Die Beschläge

Sie können fertige Beschläge aller Art in einschlägigen Modellbau-Fachgeschäften kaufen. Meist sieht es aber besser aus, wenn man sie selbst anfertigen kann. Die abgebildeten Teile sind alle aus Messing und Mahagoni selbst gebaut und zum Teil auf einer kleinen Drehbank selbst gedreht.

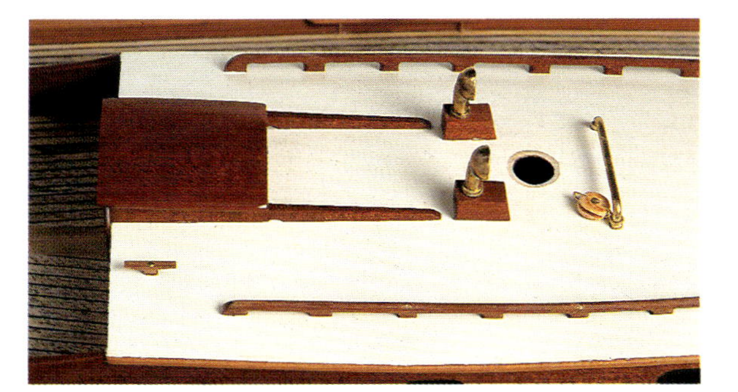

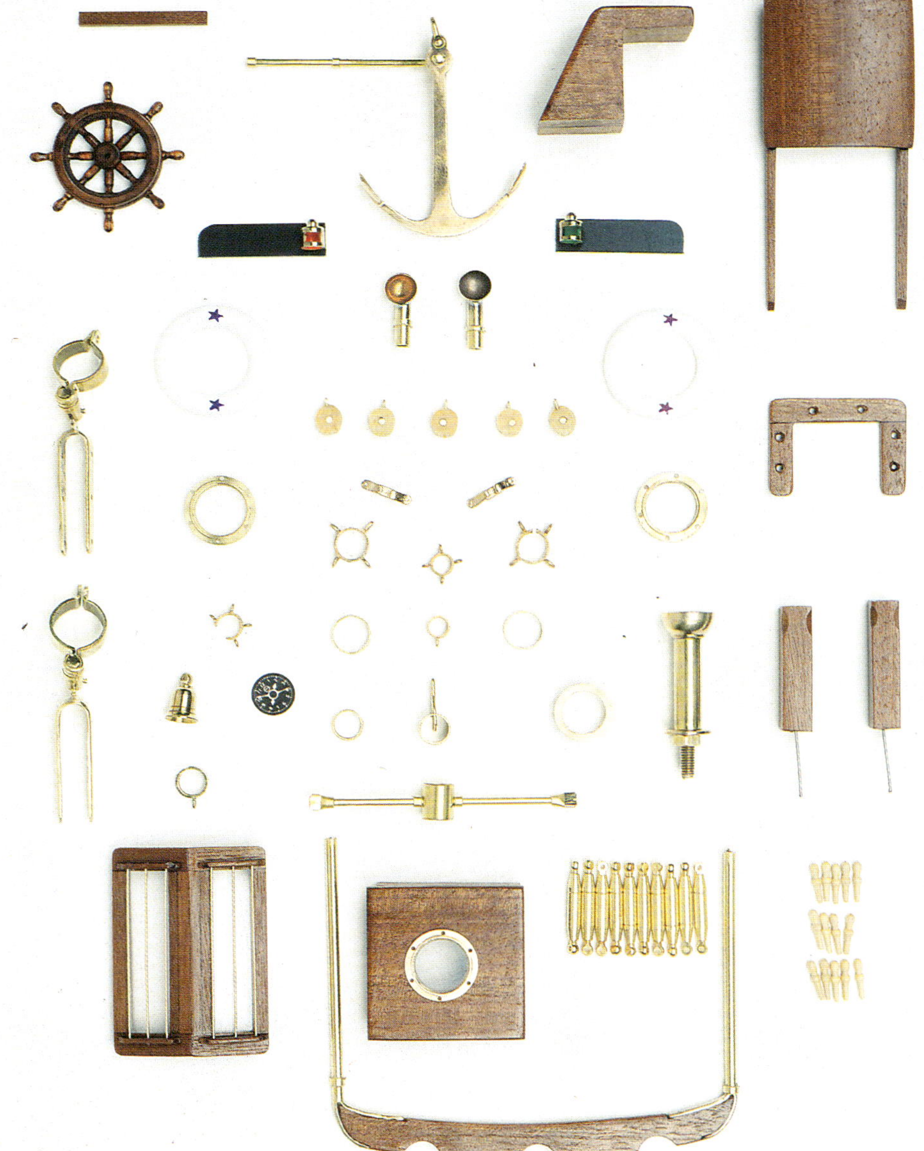

An Deck einer Segelyacht gibt es eine große Zahl wichtiger Beschläge. Es ist immer wieder frappierend, wie viele Einzelteile für ein komplettes Rigg wie das dieses Schoners notwendig sind.

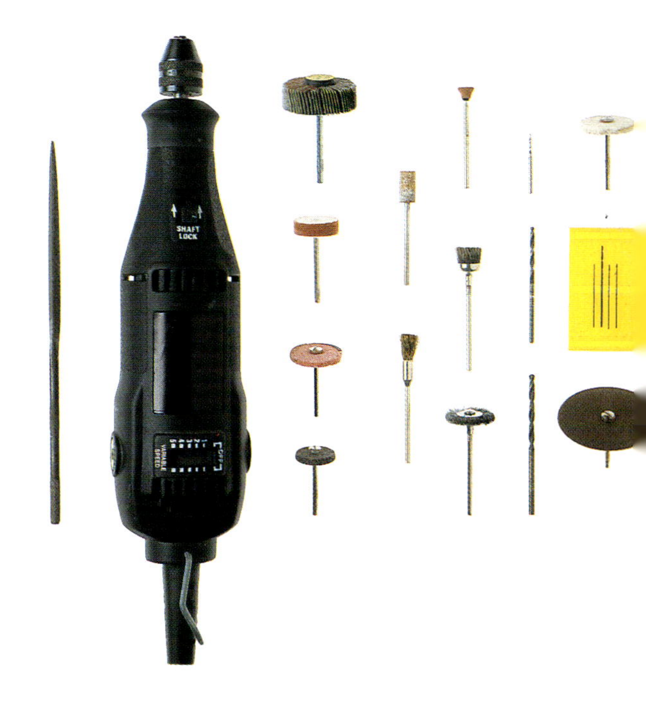

Hier sind bereits die Nagelbank des vorderen Mastes, die Wantenspanner, Fockschlitten, Blöcke, das Bullauge der vorderen Luke und das Skylight montiert.

Mittschiffs befinden sich die Lüfter samt kleiner wasserdichter Kästen. Das Schiebeluk lädt zum Betreten der Kajüte ein.

Auf dem Achterdeck stehen bereits die Stütze für den Großbaum, die Klampen und der Schlitten für die Großschot. Ruderrad und Kompaßsäule sind im Cockpit montiert.

Rigg und Segel

Ein Segelschiff richtig aufzuriggen ist niemals eine Frage von Zufall oder Glück, es ist eine Kunst. Eine Yacht kann einen makellosen und schnellen Rumpf haben, doch mit einem unvollkommenen Rigg gleicht sie einem Albatros mit gestutzten Flügeln. Ein Rigg muß so konstruiert sein, daß immer möglichst einfach und schnell die richtige Segelfläche gesetzt und geschotet werden kann, so daß stets die größte Vortriebskraft gewährleistet ist. Denken Sie immer daran, daß ein Modell an den Details gemessen wird. Deshalb darf nichts vernachlässigt oder gar vergessen werden, weder vom stehenden (Wanten und Stagen) noch vom laufenden Gut (Fallen, Schoten und Strecker). Alles soll so aussehen, als warte es auf ein Kommando des Kapitäns.

Masten, Bäume, Gaffeln und Klüverbaum: alle Spieren werden nach der gleichen Methode angefertigt.

Beginnen Sie mit dem Bau der Masten. Ursprünglich waren sie aus Spruce, einer recht leichten und geraden amerikanischen Baumart. Auch wir haben dieses Holz verwendet. Aus einem quadratischen Profil wird mit Hobel, Raspel und Schleifpapier ein runder Mast gefertigt, der sich nach oben hin allmählich verjüngt. Auch früher wurden so schon die Masten gebaut.

Früher wurden Segel aus gewebtem Tuch hergestellt, das in recht schmalen Bahnen geschnitten wurde. Diese Bahnen wurden dem Profil des Segels entsprechend zugeschnitten und miteinander vernäht. Die Segel von Modellyachten sind meist aus Leinen, einem weichen und schönen Material, das sich leicht nähen und auch färben läßt. Es eignet sich sogar zum Setzen und Bergen der Segel. An einer Modellyacht mit gesetzten Segeln versteht auch der Laie sehr schnell die Funktionsweise des gesamten Riggs und wie die Segel je nach Windeinfall geschotet werden müssen, damit sie den optimalen Vortrieb erzeugen können. Am Beispiel dieses Schoners kann man sich leicht vorstellen, wie bei achterlichem Wind die gewaltigen, trapezförmigen Segel ein Schiff vorantreiben können.

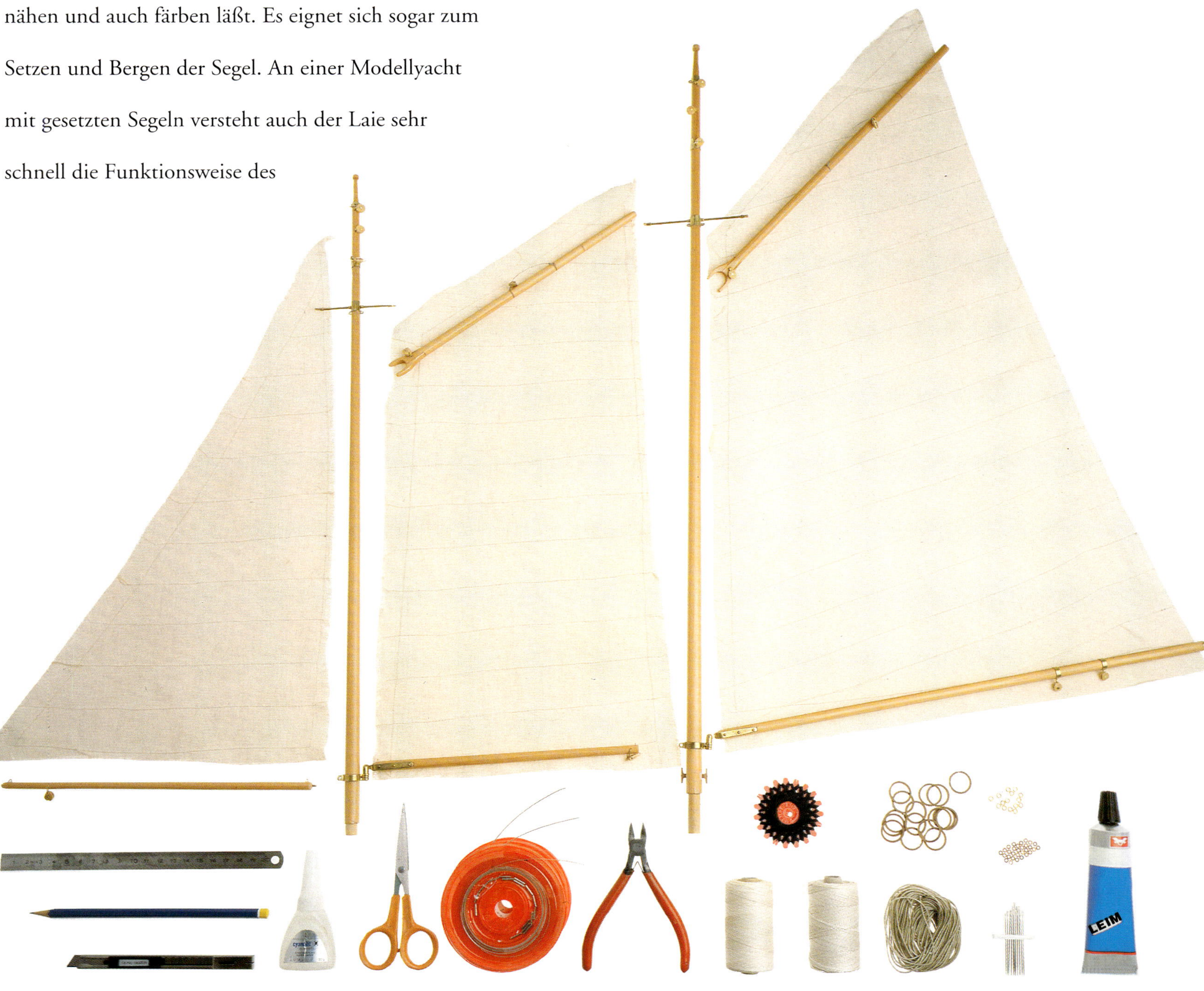

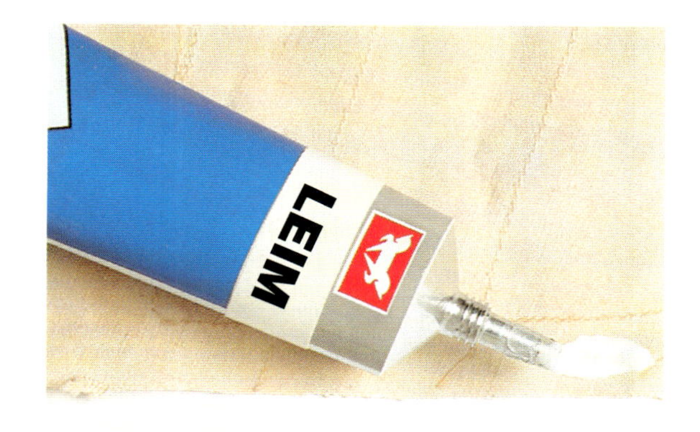

Der Augenblick ist gekommen, der Modellyacht Flügel zu verleihen, die sie über das Meer treiben. Schneiden Sie das Tuch wie angezeichnet aus und behandeln Sie die Kanten mit Leim, damit sie nicht ausfransen können. Zur weiteren Verarbeitung benötigen Sie Garne verschiedener Dicken und entsprechende Nadeln.

Dieser Bretone hat mit Geduld Rümpfe und Riggs einiger Modellboote gebaut.

Um dem Leinen der Segel die für alte Yachten passende dunkle Farbe zu verleihen, kann man das Tuch zum Beispiel für einige Minuten in einem Topf mir sehr starkem Tee kochen lassen.

Die Einfassung der Segel mit Liektau erfordert besondere Sorgfalt. Zum Schluß werden die Lieken mit Takelgarn an Bäumen und Rahen befestigt.

Blöcke werden aus mehreren Lagen dünner, rechteckig geschnittener Brettchen gemacht. Sie werden verleimt und mit Minischraubzwingen zusammengehalten. Diese Arbeit ist mühsam, aber notwendig. Bauen Sie immer 20 Blöcke in einem Rutsch!

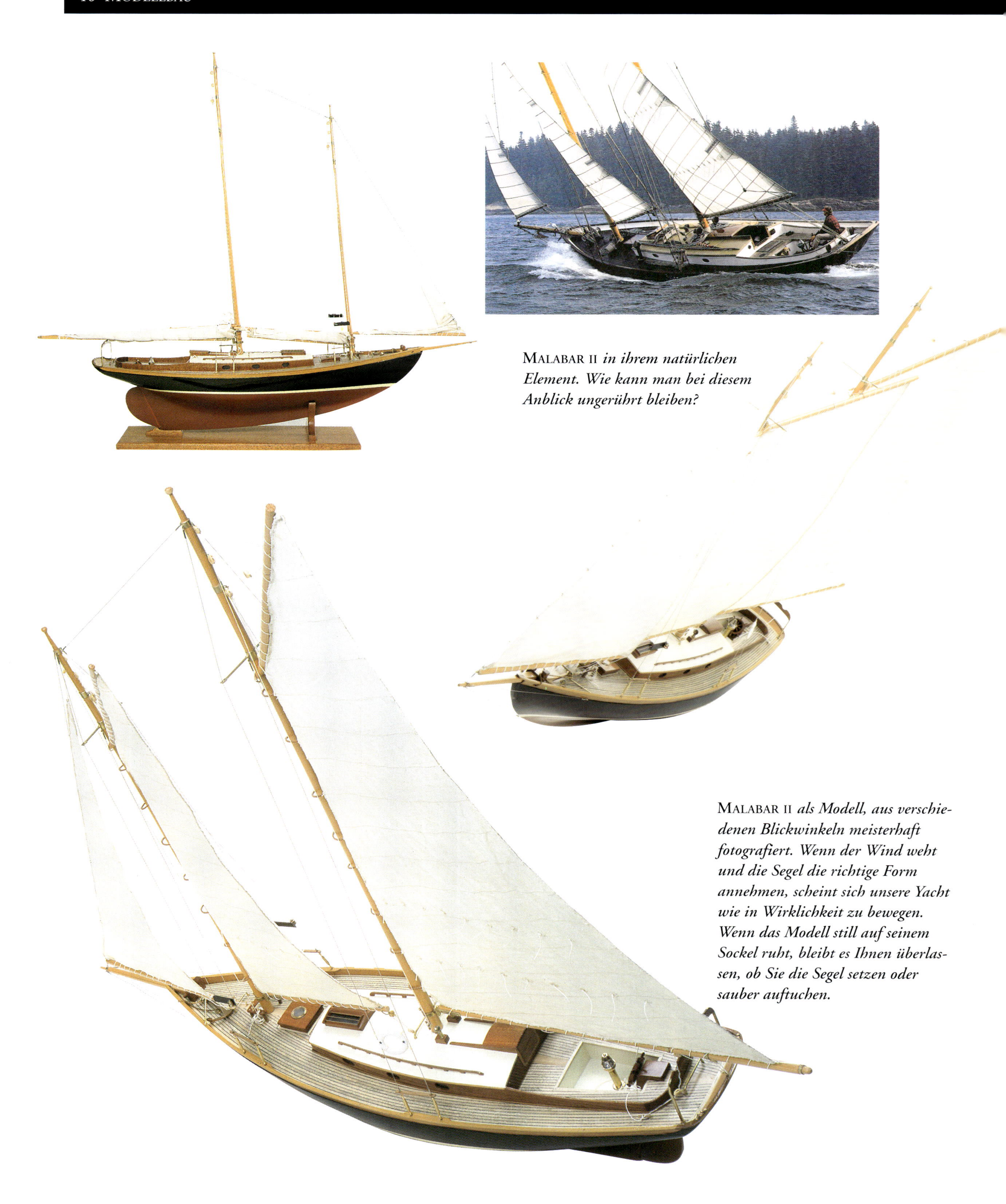

MALABAR II *in ihrem natürlichen Element. Wie kann man bei diesem Anblick ungerührt bleiben?*

MALABAR II *als Modell, aus verschiedenen Blickwinkeln meisterhaft fotografiert. Wenn der Wind weht und die Segel die richtige Form annehmen, scheint sich unsere Yacht wie in Wirklichkeit zu bewegen. Wenn das Modell still auf seinem Sockel ruht, bleibt es Ihnen überlassen, ob Sie die Segel setzen oder sauber auftuchen.*

In der Bretagne, an der rauhen französischen Atlantikküste, haben Wettbewerbe mit Modellen von Fischerbooten eine lange Tradition. Wenn die Eltern auf See waren, während der Ferien oder nach der Schule haben die Kinder die Boote ihrer Eltern nachgebaut. Von was sonst träumt ein Kind bretonischer Fischer?

Klar zur Wende! Ihre Yacht lichtet den Anker. Nur ein Modell, aber man kann damit so schön von allen Weltmeeren, Abenteuern und Stürmen träumen. Vielleicht sogar davon, eines Tages tatsächlich an Bord gehen zu können. Das fällt um so leichter, je länger Sie sich Ihre Kindheitsträume bewahrt haben und die Badewanne immer wieder zum Ozean wird...

Auf den Seen des Bois de Boulogne, auf den Teichen in den Tuilerien oder im Jardin du Luxembourg in Paris, überall dort, wo Kinder Zugang zu einem Gewässer haben, sieht man Segelmodelle aller Art. Einige sind modern und können per Fernsteuerung bewegt werden, andere sind einfach und langsam, wieder andere primitiv und aus Ästen, Blättern oder Papier hergestellt. Ob aufwendig oder einfach gebaut, Kinder lieben sie alle und oft wird schnell eine improvisierte Regatta organisiert.

BUDDELSCHIFFE

Irgendwann haben Sie zum ersten Mal ein Schiff in einer Flasche gesehen. Sicher sind Sie näher herangetreten, irritiert vielleicht oder mißtrauisch. Sie haben sich das Kunstwerk von allen Seiten genau angesehen, das rundum intakte Glas vielleicht berührt. Sie haben sich das Schiff genau betrachtet und den Verschluß der Flasche unter die Lupe genommen. Sie haben sicherlich im Geist alle Möglichkeiten erwogen. Und dann mußten Sie das unmöglich Erscheinende zugeben: in der intakten Flasche steht ein aufgeriggtes Schiff. Vielleicht hat man Ihnen erklärt, wie man das macht, aber ein Rest von Mystik ist geblieben – bis jetzt...

Wenn man den Bau eines Buddelschiffes erklärt, verrät man kein Geheimnis, sondern weiht in Hintergründe ein, wie und womit sich die Seeleute auf ihren langen Reisen beschäftigt haben. Aus Platzgründen konnten sie an Bord der Segelschiffe keine richtigen Modelle bauen. Doch genau wie Sie wollten sie ihre Liebe zur Seefahrt, den Wind, die See und die Schiffe bewahren. Also fertigten sie Miniaturen und brachten sie mit einem Trick möglichst sicher unter – in leeren Flaschen.

Um ein Buddelschiff bauen und es in eine Flasche einsetzen zu können, benötigen Sie folgendes Werkzeug: den Plan eines Schiffes, einen schmalen Spatel, eine gebogene Pinzette, einen Bleistift, etwas Holz, einen Cutter, Nylongarn, einige Nadeln, Japanpapier, Farbe, Leim, Modellierpaste, eine kleine Feile, Sandpapier, verschiedene lange, gerade und gebogene Zangen, die man sich auch leicht selbst machen kann.

Ein Großteil des Gesamteindrucks hängt nicht nur, aber auch von der Wahl der Flasche ab. Es ist eine Frage der Ausgewogenheit und der Harmonie. Eine dickbauchige Flasche paßt eher zu einem Schiff, das so hoch wie lang ist; in eine lange, schlanke Flasche wird man eher ein langes Schiff mit zwei, drei oder mehr Masten unterbringen. Wir haben uns für eine dickbauchige Flasche entschieden, wie sie oft für Rum, seit langem das typische Seemannsgetränk, verwendet werden. Sie können natürlich beliebige andere Flaschen nehmen, selbst eine ordinäre Wasserflasche!

Der Rumpf

Das Schiff, das wir bauen wollen, hat eine Geschichte: es war eine schnelle und elegante Yawl. Sie hieß BEL-AMI und gehörte keinem Geringeren als dem Schriftsteller Guy de Maupassant. Für Ihre ersten Buddelschiffe sollten Sie Rümpfe wählen, die in einem Stück durch den Hals der Flasche passen. Später, wenn Sie mehr Erfahrung haben, können Sie auch Rümpfe aus zwei oder mehr Teilen bauen und sie im Inneren zusammenleimen. Für den Augenblick aber wollen wir uns auf die grundlegenden Konstruktionsmerkmale eines einfachen Buddelschiffes konzentrieren. Zu Beginn geht alles recht einfach: Anzeichnen, Schnitzen, Schleifen und Lackieren des Rumpfes, der später in der Flasche untergebracht werden soll. Keine großen Schwierigkeiten selbst für Anfänger...

Wenn Sie sich die Konstruktion Ihres Rumpfes überlegt, das massive Stück Holz geschnitzt, mit immer feinerem Sandpapier die Form geglättet, das Deck aus dünnen Leisten aufgebracht und das Schanzkleid angeleimt haben, muß das Kunstwerk möglichst perfekt lackiert werden. Was dann folgt, verlangt einiges an Fingerfertigkeiten...

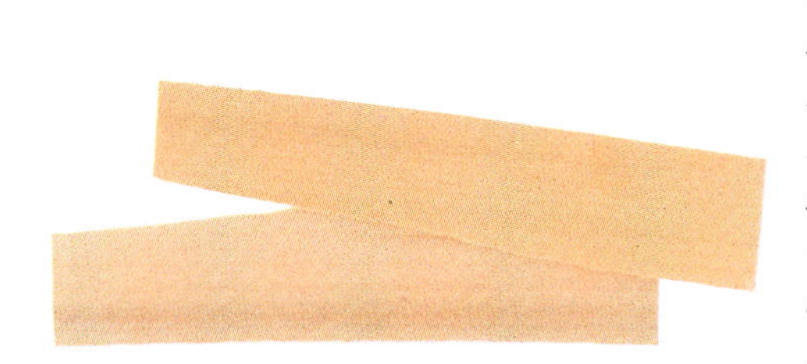

Normalerweise ist das Holz von Laubbäumen recht hart und deshalb schwierig zu bearbeiten. Eine Ausnahme bildet Balsa, ebenfalls ein Laubbaum. Das Holz ist so leicht, daß ein Würfel mit zehn Zentimetern Kantenlänge nur 40 Gramm wiegt. Zudem ist es sehr weich, doch man sollte nicht dem falschen Eindruck verfallen, es sei deshalb auch leicht zu bearbeiten.

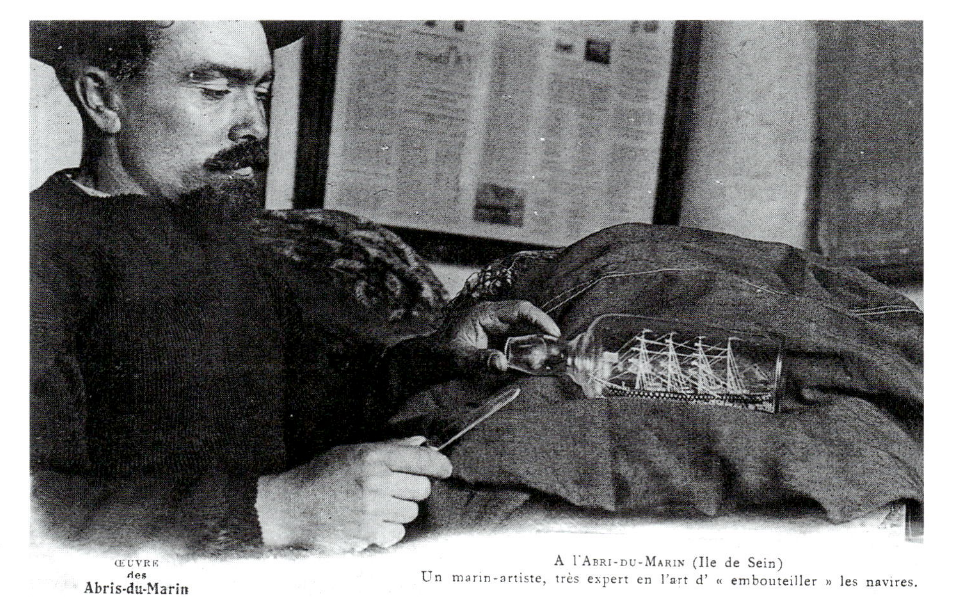

Die alten Seeleute hatten eine geradezu unglaubliche Geduld, wenn es um den Bau winzigster Schiffe ging. Unter ihren schwieligen Händen entstanden perfekte Repliken ihrer Schiffe, die manchmal kaum größer als ein Schmetterlingsflügel waren. Häufig handelte es sich um ein Modell des Schiffes, auf dem sie gerade fuhren, und oft hatten sie in ihrer Seekiste eine passende Flasche, die sie sich speziell für ihr Buddelschiff aufgehoben hatten. Das fertige Objekt wurde wie ein Augapfel gehütet und später zu Hause auf dem Kaminsims aufgestellt.

Zeichnen, schnitzen, glätten und lackieren – fertig ist der Rumpf, der wichtigste Teil des Schiffes. Nun fehlt noch das Rigg, und alles muß in die Flasche gebracht werden...

1. Nachdem Sie die Konstruktionszeichnungen auf die gewünschte Größe verkleinert haben, zeichnen Sie die Konturen auf ein passendes Stück Weichholz wie Pinie oder Pappel.

2. Für die ersten Schritte ist ein einfacher Cutter das richtige Instrument. Anschließend muß der Rumpf mit immer feinerem Sandpapier geschliffen werden.

3. Wenn der Leim ausgehärtet ist und die Schleifarbeiten perfekt gelungen sind, wird die Lackierung aufgebracht. Mehrere Schichten ergeben ein tolles Resultat und eine dünne, goldene Zierlinie unterhalb des Schanzkleides trägt entscheidend zum guten Eindruck bei.

Das Rigg

Bereiten Sie sich auf den Beweis Ihrer Fingerfertigkeiten vor, denn nun beginnt eine der kompliziertesten Bauphasen. Sie haben einen Rumpf, Sie bauen einen richtigen kleinen Segler, aber ein Modell, das – vergessen Sie das nie – durch den Hals einer Flasche passen soll, die Sie selbst ausgesucht haben und deren Öffnung Ihnen jetzt vielleicht sehr klein vorkommt.

1. Bohren Sie an den Außenseiten des Rumpfes vorsichtig mit einem zum Garn passenden Bohrer Löcher für die Wanten.

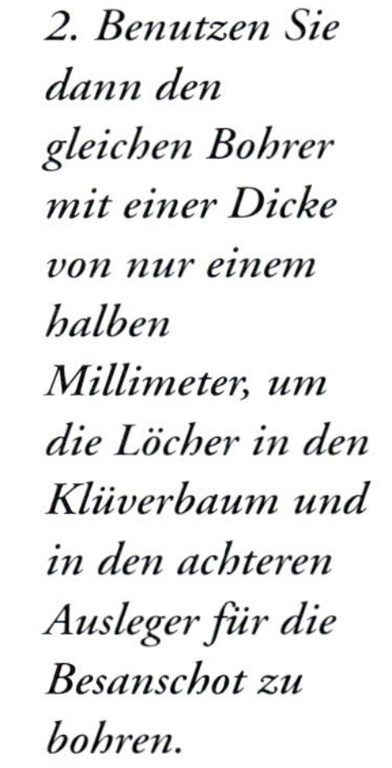

2. Benutzen Sie dann den gleichen Bohrer mit einer Dicke von nur einem halben Millimeter, um die Löcher in den Klüverbaum und in den achteren Ausleger für die Besanschot zu bohren.

In diesem Stadium müssen Sie alle Details Ihres Modells an den richtigen Stellen anbringen. Dabei lernen Sie bereits mit den Zangen umzugehen, und um das Schiff in Ihre Flasche zu bekommen, lernen Sie den Klappmechanismus der Masten kennen. Die Arbeit beginnt mit dem Bohren winziger Löcher. Für BEL-AMI sind es allein 15. Auf geht's...

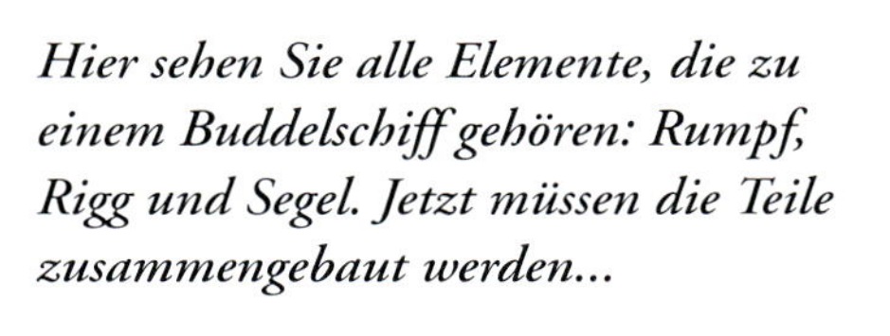

Hier sehen Sie alle Elemente, die zu einem Buddelschiff gehören: Rumpf, Rigg und Segel. Jetzt müssen die Teile zusammengebaut werden...

1. Mit einer gebogenen Zange wird die Pinne aus Messingdraht eingesetzt.

Die verschiedenen Zangen sind jetzt die besseren Werkzeuge, weil Ihre Finger normalerweise zu groß für diese Arbeiten sein dürften.

2. Der Großmast wird eingesetzt...

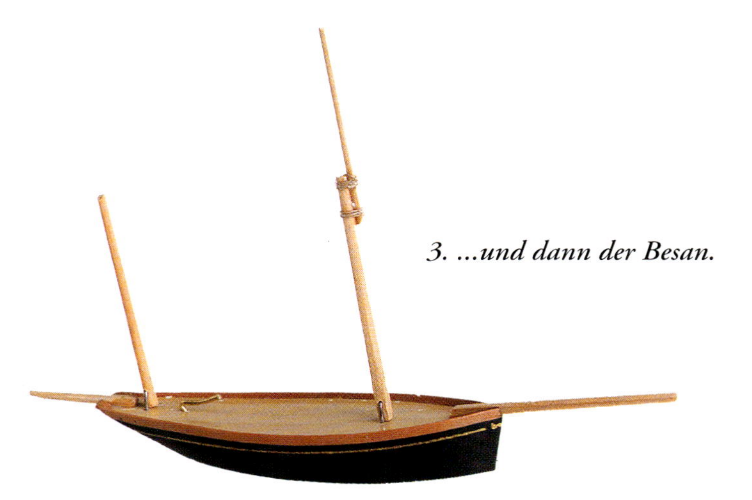

3. ...und dann der Besan.

4. Die Halterungen der Mastfüße sind so gebogen, daß die Spieren leicht nach achtern umgeklappt werden können. Das ist das große Geheimnis des Buddelschiffbaus.

5. Jetzt werden die Wanten angebracht. Am besten eignet sich Handschuh-Garn, das sehr glatt und stabil ist und nicht ausfranst...

...aber dennoch so dünn ist, daß es auch durch die Ösen der dünnsten Nähnadeln paßt, die Sie in Ihrem Kurzwarenladen finden konnten.

6. Sie müssen immer wieder die Spannung der Wanten überprüfen.

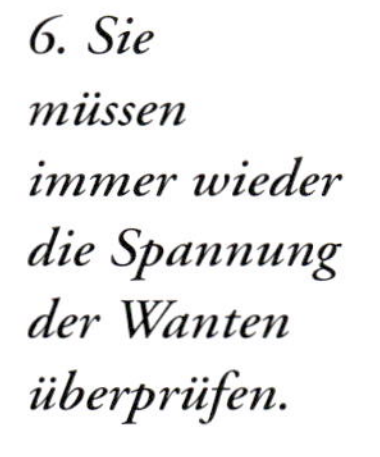

7. Dann können die ersten Wanten eingeleimt werden. Die, die hinter den Masten befestigt werden, interessieren Sie danach nicht mehr.

8. Verkleben Sie die Wanten mit je einem winzigen Leimtröpfchen.

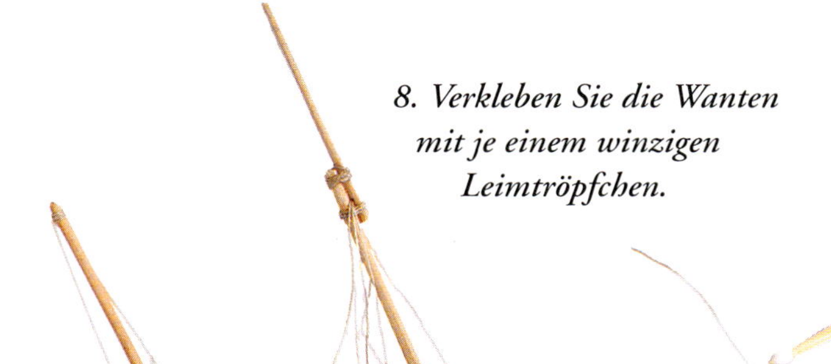

Der Zusammenbau

Die Masten sind an ihren Plätzen, alle Elemente sind fertig. Jetzt muß alles zu einem richtigen Minimodell zusammengebaut werden, das zudem klappbar sein muß.

Befestigen Sie Ihr Modell auf einem geraden Stück Holz und bereiten Sie sich auf eine wahre Geduldsprobe vor: die Garne zur Montage sind nicht nur sehr dünn, sondern es gibt auch sehr viele davon. Damit sie nicht durcheinandergeraten, müssen sie numeriert werden.

1. Legen Sie quer vor das Ende der Montageplatte ein etwa zehn Zentimeter langes Holzstück, das mit vielen kleinen hölzernen Pollern versehen ist. Daran werden die Spanngarne befestigt.

2. Bevor Sie den Rumpf auf die Holzplatte schrauben, legen Sie ein dünnes Stück Holz darunter, damit die dünnen Garne leichter zwischen Rumpf und Platte laufen können.

3. Das Prinzip der Montage ist immer gleich: ein Garn wird am Boot befestigt und über die Poller gespannt.

4. Der Zusammenbau beginnt am Bug. Nachdem die Garne für Klüver, Fock und die Vorstagen durch die Löcher im Rumpf geführt wurden...

5. ...werden sie über die kleinen Holzpoller gespannt und schließlich am besten mit einem Webeleinstek belegt.

6. Das Großsegel mit angeklebter Gaffel wird an Mast und Baum befestigt.

7. Um das Unterliek des Großsegels spannen zu können, führen Sie ein Garn durch ein Loch am Ende des Baums.

8. Die Gaffel des Großsegels wird mit Garn an die Stenge geknotet und mit Leim fixiert. Setzen Sie die Großschot ein...

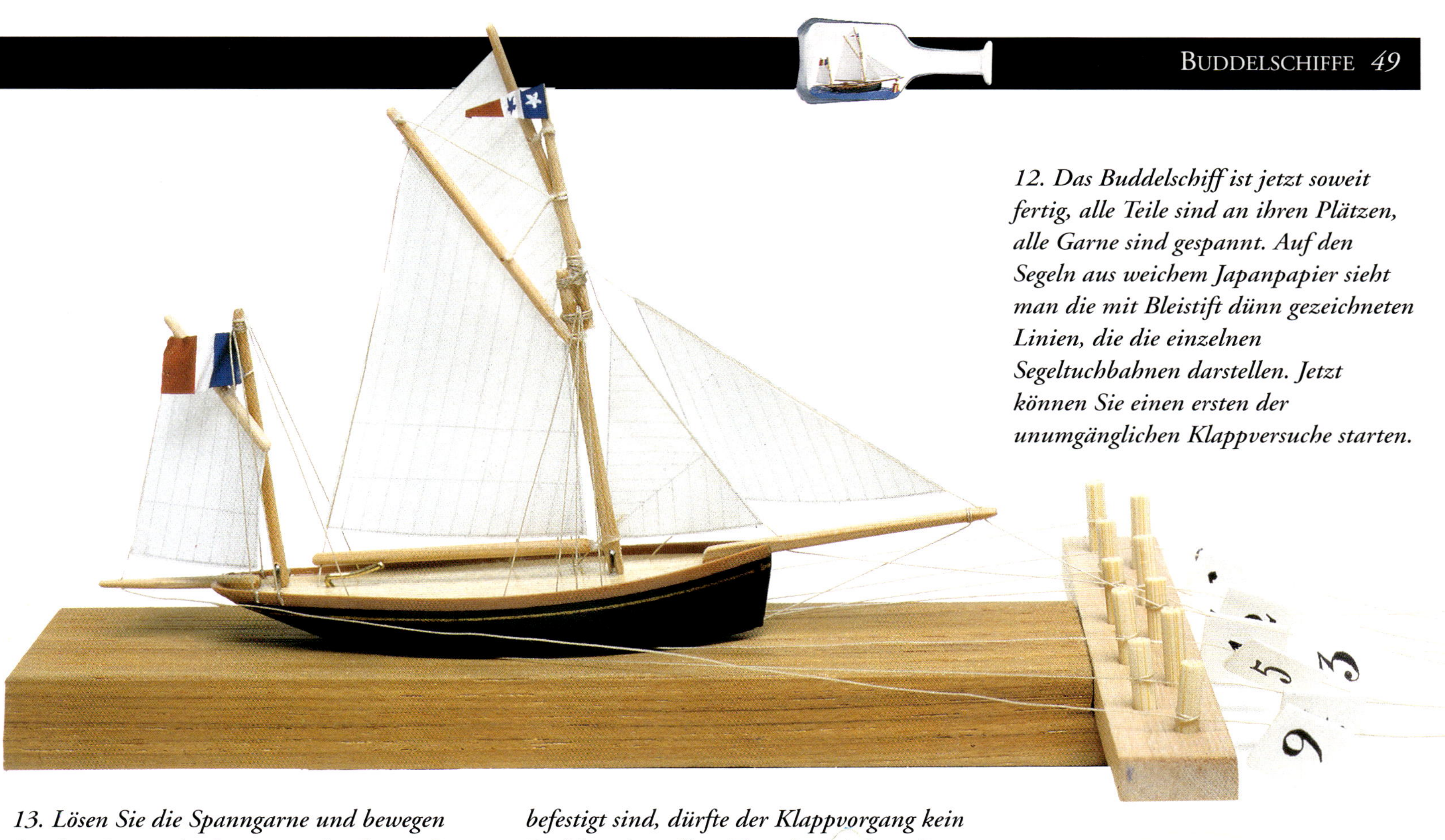

12. Das Buddelschiff ist jetzt soweit fertig, alle Teile sind an ihren Plätzen, alle Garne sind gespannt. Auf den Segeln aus weichem Japanpapier sieht man die mit Bleistift dünn gezeichneten Linien, die die einzelnen Segeltuchbahnen darstellen. Jetzt können Sie einen ersten der unumgänglichen Klappversuche starten.

13. Lösen Sie die Spanngarne und bewegen Sie die Masten gleichzeitig nach achtern. Da die beiden Bäume mit Garn an den Masten befestigt sind, dürfte der Klappvorgang kein Problem darstellen. Trotzdem: Achten Sie immer auf den Lauf der Spanngarne!

9. ...und verkleben Sie alle Garne, die Sie später zum Spannen nicht mehr benötigen. Dann können Sie sie kurz abschneiden.

10. Das Großsegel ist jetzt fertig und fixiert. Die Großschot wird auf einem der kleinen Holzpoller belegt.

11. Die gleichen Arbeitsgänge gelten für das Toppsegel und den Besan. Dann müssen nur noch die Flaggen geklebt werden.

Der Stapellauf

Vergessen Sie für einige Momente Ihr Buddelschiff und die Spanngarne, und beschäftigen Sie sich mit dem Meer, den Wellen und dem Kielwasser. Sie werden sicherlich Blau für das Wasser und Weiß für den Schaum verwenden.

Lassen Sie Ihren Vorstellungen freien Lauf, die Modelliermasse gibt Ihnen alle Freiheiten. Für Ihre erste Reise mit dem Buddelschiff BEL-AMI haben wir uns das offene Meer ausgesucht, aber es steht Ihnen natürlich frei, es auf einem schönen Ankerplatz, in einem Hafen oder vor einer felsigen Steilküste aufzustellen.

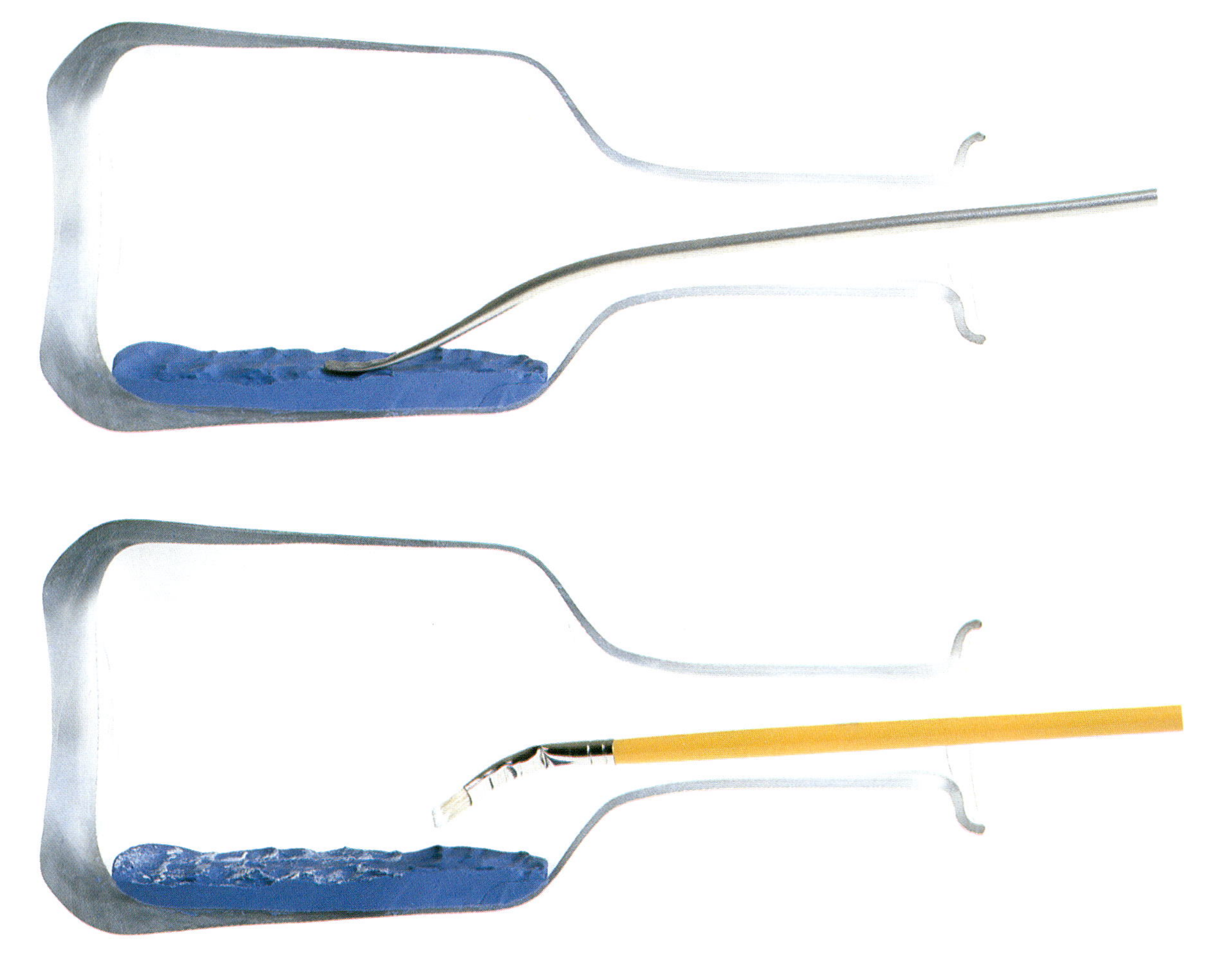

1. Basteln Sie sich einen abgeflachten Spatel, mit dem Sie die Modelliermasse in kleinen Portionen in der Flasche unterbringen können. Modelliermasse ist sehr leicht zu verarbeiten und hat den weiteren Vorteil, daß sie durchgefärbt ist. Wenn Sie zum Beispiel Holzmasse verwenden wollen, können Sie sie anmalen, aber eben nicht bis in die Tiefe...

2. Mit dem gleichen Spatel können Sie der Wasseroberfläche jede beliebige Form verleihen: aufgewühltes Meer oder Totenflaute...

3. Zuletzt folgen die Feinheiten. Sie haben den Wellen bereits die gewünschte Form gegeben. Mit einem dünnen, gebogenen Pinsel und etwas weißer Deckfarbe können Sie die Schaumkronen realistisch hervorheben.

4. Denken Sie bitte daran, in die Mitte der Flasche nicht zu viel Modelliermasse einzubringen, damit sich die Masten Ihres Buddelschiffes auch bis zur gewünschten Höhe stellen lassen.

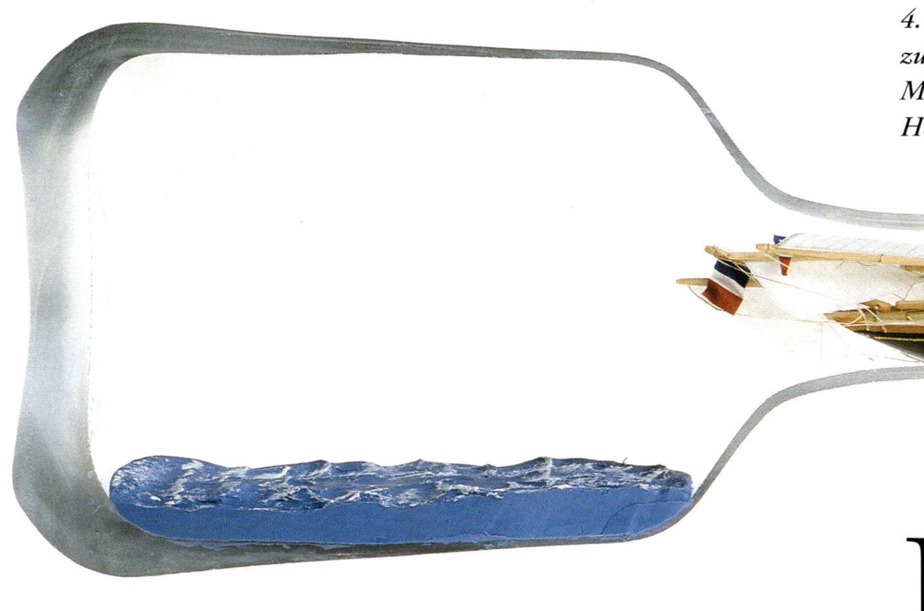

5. Der große Moment ist gekommen! Das Buddelschiff, das Sie bereits von der Montageplatte abgenommen haben, wird mit nach hinten geklappten Masten mit Hilfe einer Zange mit dem Heck voran durch den Flaschenhals geschoben.

In diesem Stadium der Arbeit bietet sich noch eine letzte Variationsmöglichkeit an: das Meer, das Sie mit viel Mühe gestaltet haben, sollte zur Segelfläche des Buddelschiffes passen. Im Falle BEL-AMI war es für uns keine Frage, daß das Schiff bei gutem Wind unter vollen Segeln läuft!

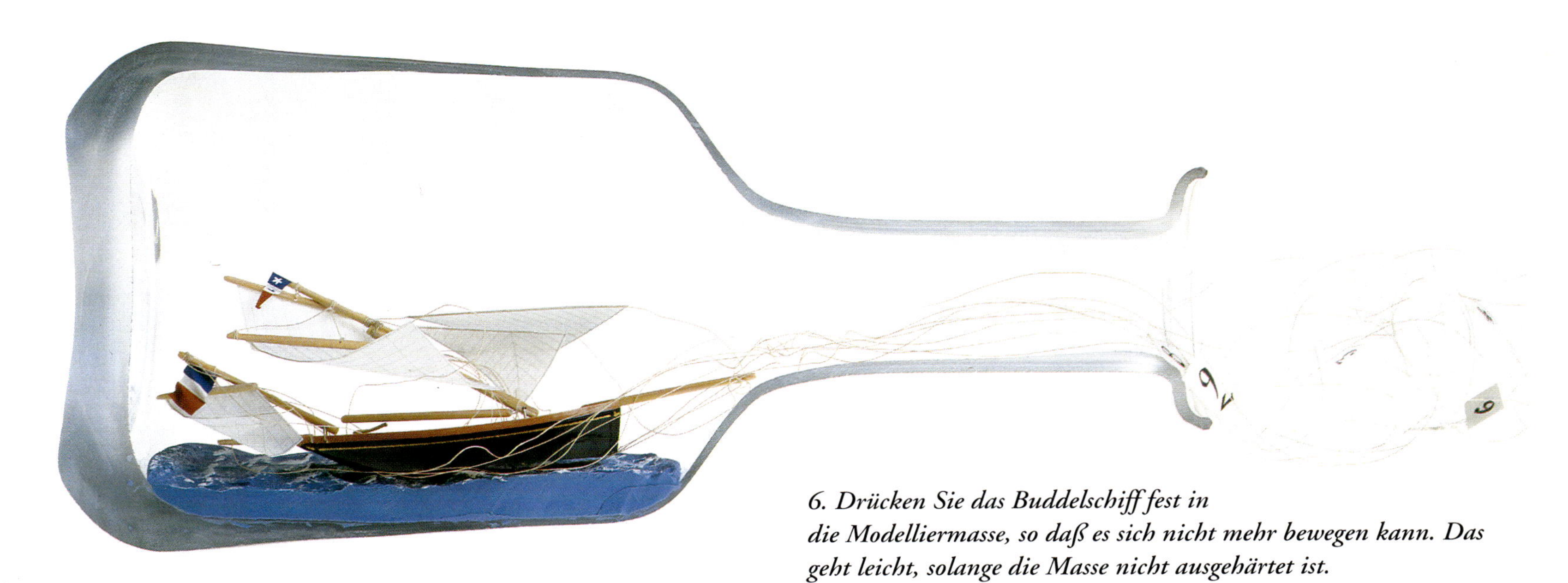

6. Drücken Sie das Buddelschiff fest in die Modelliermasse, so daß es sich nicht mehr bewegen kann. Das geht leicht, solange die Masse nicht ausgehärtet ist.

Klar zum Setzen

1. Nehmen Sie ein kleines Stück eines Korkens fest mit der Zange auf und drücken Sie damit den Rumpf Ihres Buddelschiffes vorsichtig in die Modelliermasse, bis er waagerecht steht und bis zur Wasserlinie verschwunden ist.

2. Ziehen Sie äußerst vorsichtig zunächst die Garne des Großmastes und dann die des Besans stramm.

3. Um die Garne auf Spannung zu halten, befestigen Sie sie provisorisch am Rande des Flaschenhalses mit etwas Modelliermasse.

Die Arbeiten an Ihrem Buddelschiff sind fast beendet. Sie benötigen jetzt nur noch eine dünne Zange, eine Klinge Ihres Cutters und ein paar Tröpfchen Leim, um zu einem gelungenen Ergebnis zu kommen. Sie richten die Masten auf, setzen die Segel, holen die Schoten dicht – und schon segelt BEL-AMI wieder in aller Schönheit.

Wenn Sie jetzt etwas zögern sollten, die letzten Schritte Ihres Buddelschiffbaus anzugehen, wundern Sie sich nicht. Tatsächlich haben Sie den schwierigsten Teil bereits gemeistert, aber Sie wissen auch, daß das Gelingen nur noch von einigen dünnen Fäden abhängt. Sie sind es schließlich, die, nachdem sie gespannt, fixiert und abgeschnitten sind, dem Ganzen zu seinem Glanz verhelfen. Arbeiten Sie langsam, lassen Sie den Kleber trocknen und achten Sie darauf, welches Garn Sie abschneiden.

4. Die ersten Leimtröpfchen...

5. Wenn alle Leimtropfen ausgehärtet sind, werden die Spanngarne vorsichtig abgetrennt.

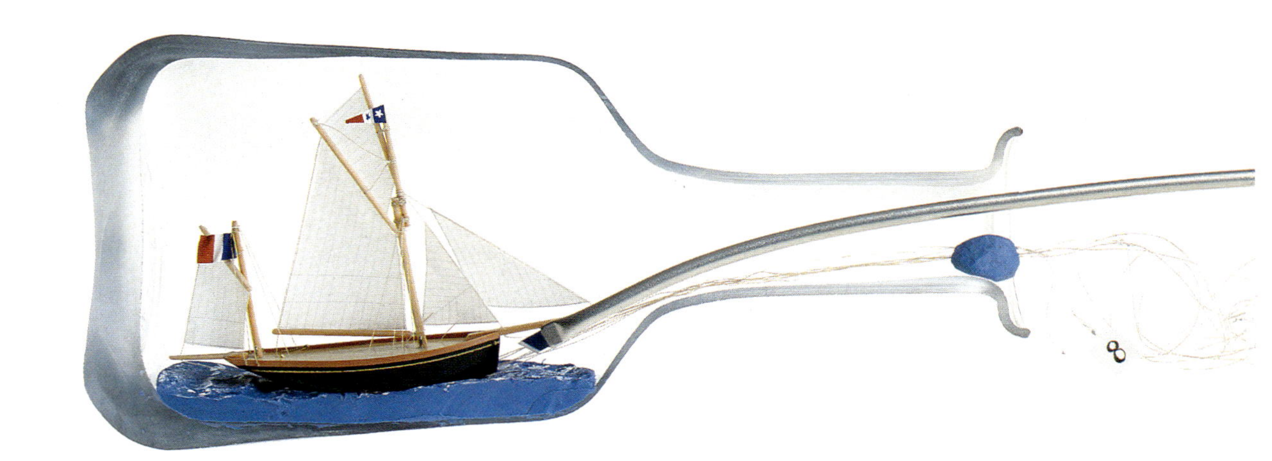

6. Zuletzt wird der Aufbau mit Hilfe von etwas Modelliermasse und Schnellkleber auf das Deck geleimt.

Zu guter Letzt

Sie haben es geschafft. Kein einziges Spanngarn ist mehr zu sehen. Es sieht so aus, als ob Ihr Buddelschiff Anker auf gegangen ist. Es schwimmt in seiner Flasche, wartet auf neue Fragen, neue, ungläubige Untersuchungen. Vielleicht möchten Sie jetzt noch einige dekorative Elemente unterbringen. Und schließlich muß die Flasche noch verschlossen werden, um Ihre Arbeit für alle Ewigkeit zu versiegeln...

In seiner Glanzzeit hat BEL-AMI *zweifellos ebenso viele Schriftsteller und andere berühmte Männer auf ihrem Deck beherbergt wie junge und schöne Frauen, die sowohl dem wüsten Charme von de Maupassant als auch dem der Weltmeere erlegen waren. Was ist davon übriggeblieben? Viele Bücher und – ja, und Ihr Buddelschiff.*

Wenn Sie wollen, können Sie jetzt noch einige dekorative Details wie eine Tonne oder eine Möwe hinzufügen. Vergessen Sie auch nicht ein sicheres Gestell.

Wer hat die Flasche erfunden, wer das Schiff? Alles was zählt, sind die unendlichen Kombinationsmöglichkeiten, Ihr Spaß an der filigranen Arbeit, die erstaunten Augen Ihrer Freunde und das Gewicht Ihrer Gefühle. Alle hier abgebildeten Buddelschiffe sind Schiffen nachempfunden, die es gegeben hat. Auch wenn der Dreimaster BELEM *so eindrucksvoll wie berühmt war, machen die kleinen unbekannten Kutter oder der Thunfischfänger in ihren Flaschen mindestens ebensoviel her. Eines haben sie alle gemeinsam: Sie sind für immer in ein gläsernes Schmuckkästchen eingeschlossen.*

DIORAMEN

Man findet sie in Museen, manchmal aber auch bei spezialisierten Antiquitätenhändlern oder auf einem Rundgang über einen Flohmarkt. Dioramen sind selten und werden kaum hundert Jahre alt, deshalb ist jedes eine kleine Entdeckung. Trotz ihrer Größe sind sie zerbrechlich, weil die vielen kleinen Details leicht unbeabsichtigt zerstört werden können. Fast immer werden Dioramen von Menschen gebaut, die sich zuvor mit dem traditionellen und weit verbreiteten Bau von Modellen beschäftigt haben.

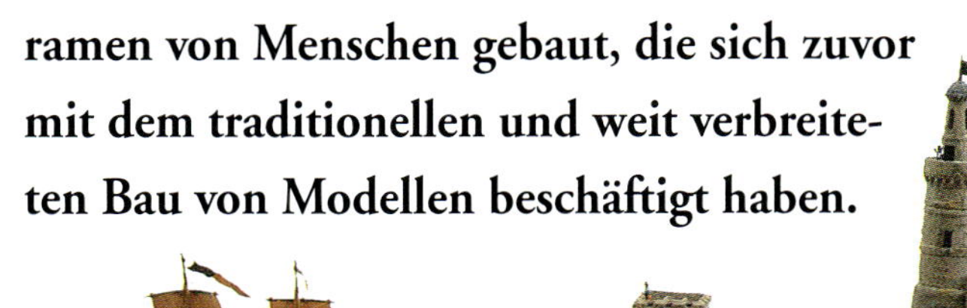

Nichts ist unmöglich... und es lassen sich beliebige Epochen darstellen, als ob die Zeit stehengeblieben wäre. In unserem Beispiel hat der Erbauer das vergangene Jahrhundert gewählt.

Vor Baubeginn muß man sich darüber im klaren sein, welche Art von Landschaft man verewigen möchte. Man kann nach alten Fotos oder Postkarten arbeiten oder aber an den Küsten suchen, bis man ein geeignetes Objekt gefunden hat.

Wir haben von links nach rechts die verschiedenen Bauabschnitte eines Dioramas gezeigt: das Grundmodell erscheint recht grob und wird noch bearbeitet. Dann ist es bereits fertig geformt und mit Spachtel und Farbe behandelt. Ganz rechts dann ist es mit all seinen Details bereits vollendet. Der letzte Abschnitt dauert am längsten und erfordert die größte Sorgfalt.

Die Landschaft

Sie müssen natürlich nicht unbedingt gleich mit einer felsigen Steilküste beginnen. Sehr viel einfacher ist es, das Meer zu formen, mit einer flachen Küste, vielleicht einigen Felsen und einer Hafeneinfahrt. Dann sind zwar die perspektivischen Möglichkeiten geringer, die Technik aber ist die gleiche.

Mit Hilfe eines scharfen Cutters werden die Hartschaumplatten entsprechend der Landschaftskonturen geschnitten. Dazu sollten die Platten übereinandergelegt werden, um das Relief erkennen zu können. Lassen Sie Ihre Phantasie spielen...

Wenn die Platten Ihren Vorstellungen entsprechend ausgeschnitten sind, kleben Sie sie übereinander zu einem Block zusammen. Senkrecht eingedrückte Stecknadeln verhindern unbeabsichtigtes Verrutschen. Als Grundplatte sollten Sie eine mindestens acht Millimeter starke Sperrholzplatte verwenden. Hier sind bereits die Konturen eines Flusses angezeichnet.

Will man ein Diorama ansehnlicher Größe bauen, stellt sich sofort die Frage des späteren Gesamtgewichts. Alte Modelle wurden auf Holz- oder Metallgerüsten gebaut, die dann mit einer Spachtelmasse ausgeformt worden sind. Heute hat man es besser, man benutzt ein Material, das vor allem von Architekten zum Bau von Modellen verwendet wird – Platten aus einem dichten, aber leichten und einfach zu bearbeitenden Hartschaum. Die Platten können sehr schnell zu großen Blöcken verklebt werden. Sie werden bald in der Lage sein, beliebige Landschaften zu kreieren, ohne sich mit einem schwer in Form zu bringenden Material abplagen zu müssen.

Auf einfachen, nicht zu dünnen Zeichenkarton übertragen Sie die Fassaden des kleinen Schlößchens. Die einzelnen Teile werden sauber ausgeschnitten und mit normalem Holzleim aneinandergeklebt. Achten Sie auf perspektivische Fehler und denken Sie daran, daß Gebäude, Landschaft und Vegetation zusammenpassen sollen. Wenn Sie Figuren in das Diorama setzen wollen, beachten Sie deren Größe.

Das Dekor

Ihre Modellandschaft hat jetzt bereits ihre endgültige Form. Das Gebäude ist auf die hohe Steilküste gesetzt, einige Felsen ragen aus dem Abhang hervor. Die feine Ausgestaltung der gesamten Landschaft ist eine langwierige und mühevolle Arbeit. Ihren Phantasien sind keinerlei Grenzen auferlegt, auch wenn alles so naturgetreu wie möglich aussehen soll.

Um Ihre Landschaft nach Belieben modellieren zu können, eignet sich handelsüblicher Glaserkitt hervorragend. Weil das Material einige Tage zum Durchhärten benötigt, können Sie immer wieder Veränderungen vornehmen.

Die Farbgebung Ihres Dioramas ist entscheidend für den späteren Gesamteindruck. Beachten Sie, daß die Natur niemals grelle Farben erzeugt. Für das Meer zum Beispiel benötigen Sie verschiedene Blautöne, ein blasses Grau und abgetöntes Weiß. Die Vegetationsfarben sind Grün-, Grau- und Brauntöne. Die besten Vorbilder liefert die Natur selbst, beobachten Sie sie genau und ahmen Sie sie nach.

Deckende Farben eignen sich am besten zur Farbgebung des gesamten Untergrundes. Wasserfarben werden wegen ihrer Transparenz für die Bemalung der Details verwendet.

Verwenden Sie verschieden große Pinsel: breite und flache für den Untergrund, kleinere zum Beispiel für die Wände des Gebäudes und sehr dünne für die Details.

Die Grundkonstruktion unseres Dioramas ist aus zwei Zentimeter starken Schaumplatten gefertigt und erreicht eine Gesamthöhe von 1,70 Metern. In diesen Maßstab passen am besten die um die zwei Zentimeter großen Figuren aus Modellbaugeschäften. Beachten Sie immer die passenden Größenverhältnisse, denn davon hängt letztendlich der Erfolg ab.

Sie können die Mauern entweder mit dem feinsten Pinsel bemalen oder schon fertig bedruckte Mauerplatten in Modellbahngeschäften kaufen. Um sie leicht verkleben zu können, sollten Sie das bedruckte Papier vorsichtig von seinem Träger aus Karton trennen.

Die Grünflächen werden aus Karton geschnitten, dünn mit Leim bestrichen und mit gefärbten Fasern bepudert, bis die Fläche wie Rasen aussieht.

Legen Sie sich einen Vorrat aus Holzstücken, kleinen Zweigen und Steinchen an. Aus dem Holz können Sie Pontons, Anlegestellen oder kleine Schiffe bauen. Die Steine werden als Felsen in den Kitt gedrückt und wirken äußerst realistisch. Wir haben für unser kleines Schlößchen fertig bedrucktes Mauerpapier verwendet. Damit zum Beispiel die Dachflächen nicht zu dick wirken, haben wir auch hier den dicken Kartonträger vorsichtig entfernt. Die dünnen Papierstücke lassen sich so leichter biegen und kleben.

Die zum Bau des Lastkahns notwendigen Werkzeuge erhalten Sie in jedem Bastelgeschäft: Feile, Messer, Säge, Cutter, Bohrer, Zange, Wäscheklammern, Hammer und Leim. Um zum Beispiel kleine Fässer herzustellen, benötigen Sie ein Rundholz mit einem Zentimeter Durchmesser, von dem Sie kurze Stücke absägen und sie in die gewünschte Form bringen. Die Faßreifen werden aufgemalt.

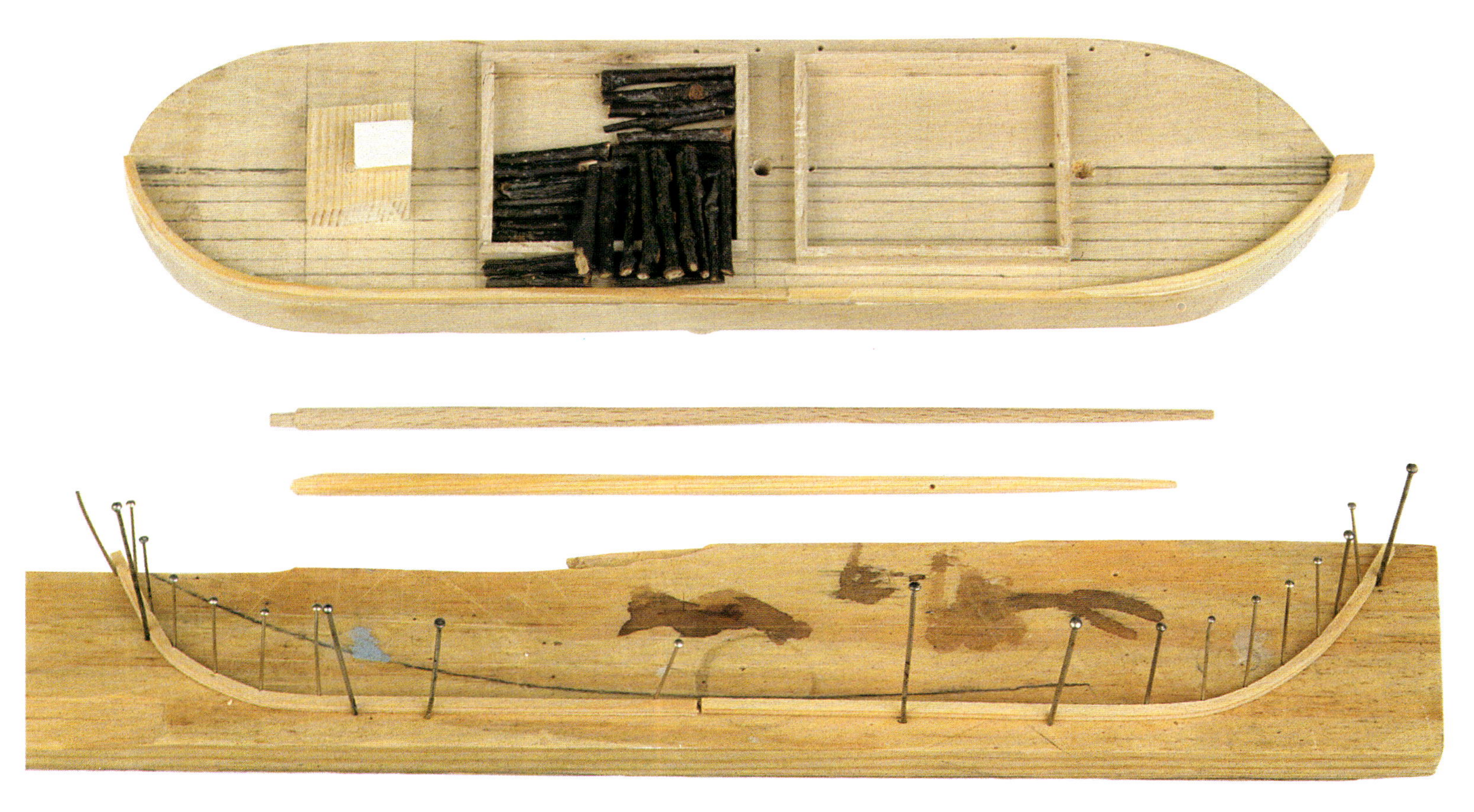

Der Lastkahn

Die typischen Lastkähne der nordfranzösischen Küstengebiete wurden im 19. Jahrhundert und auch danach zum Transport von Wein, Holz und Kohle eingesetzt. Sie segelten von St. Malo bis weit in den Süden. Auf den Flüssen wurden sie häufig nur mit langen Stangen bewegt.

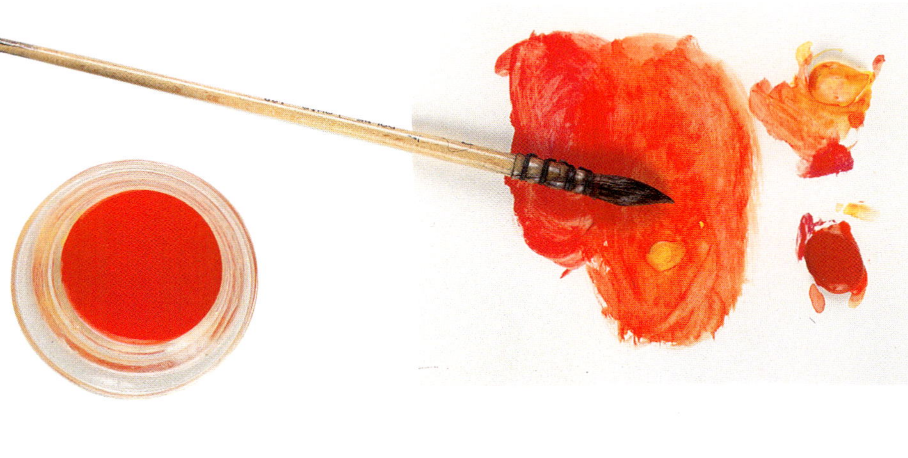

Die Segel sind aus Papier. Vor dem Ausschneiden werden die Bahnen aufgemalt. Mit rotbraunen Farbtönen erhalten die Segel ihre Patina. Fallen, Wanten und Stage werden aus schwarzem Garn hergestellt. Auch die Figuren müssen passend bemalt werden.

Der Rumpf dieses Lastkahns besteht lediglich aus einem zehn Millimeter starken Brett, aus dem die entsprechende Form ausgesägt wurde. Benutzen Sie weiches Holz, damit Sie das Schanzkleid ausschnitzen können. Rechteckige Holzstücke werden für die Aufbauten benutzt. Die Ladung aus Holz und Fässern ist leicht herzustellen. Masten und Rahen müssen vorsichtig verjüngt werden.

Die Vegetation

In unserem Diorama nimmt die Vegetation einen wichtigen Stellenwert ein. Das ist natürlich nicht immer der Fall. Aber wer wird es den Seeleuten verdenken, daß sie oft von schattigen Gärten und dem Duft der Blumen träumen?

Das Angebot an Bäumen, Büschen und anderen Pflanzen in spezialisierten Geschäften für Modelleisenbahner ist riesengroß. Sie können die Bepflanzung mit kleinen Stücken aus der Natur leicht erweitern. Die Industrie verwendet Schwämme und Algen, die getrocknet und besonders behandelt sind, damit die Farben dauerhaft halten.

Bäume und Büsche können in Modellbau-Fachgeschäften gekauft oder selbst hergestellt werden.

Suchen Sie sich draußen geringe Mengen feinen Sandes und etwas Kies, möglichst in verschiedenen Farben. Damit können Sie die Wege und den Strand bekleben oder Geröll imitieren.

Das Aufkleben der Vegetation aus kleinen Schwämmen und Algen mit Hilfe einer langen Pinzette ist langwierig, wenn alles naturgetreu aussehen soll.

Die Stimmung

Von Anfang an haben Sie den Maßstab Ihres Dioramas an der Größe der Figuren ausgerichtet, die Sie jetzt einbringen wollen. Erst mit ihnen wird das Diorama zu einem lebendigen Bild.

Die kleinen Figuren, die Sie in Fachgeschäften für den Modelleisenbahner kaufen können, werden vielfach in Gruppen angeboten, die spezielle Dinge machen oder Arbeiten verrichten. Die Seeleute und Hafenarbeiter kommen da zu kurz, sie gibt es kaum. Die Figuren können aber, wenn sie leicht erhitzt werden, in beliebige Formen gebogen und dann entsprechend bemalt werden.

Da das Vorbild unseres Dioramas aus einer Gegend stammt, in der Ebbe und Flut zu großen Unterschieden der Wasserstände führen, sind die kleinen Hütten der Fischer auf Holzgestelle gebaut. Auch wenn sie zerbrechlich wirken, an den Küsten der Bretagne gibt es sie immer noch. In den Hütten haben die Fischer ihre Netze, ihr Werkzeug und ihre Ausrüstung untergebracht. Oft sitzen sie nach getaner Arbeit an einem Tisch im Freien und trinken ein Glas auf den guten Fang. Fisch und Ausrüstung mußten bei niedrigem Wasserstand mit einfachen Winden auf die Plattformen gezogen werden. Details dieser Art machen die Lebendigkeit des Dioramas aus.

Entscheidend für den Gesamteindruck sind die Kleinigkeiten: ein Kormoran, die Fahrwasserbetonnung, die Wasserströmung und die kleinen Wellen.

Die Beispiele unten zeigen kleine Dioramen, die verschiedene Aspekte der Seefahrt darstellen.

SANDFLASCHEN

Die Tradition der Sandflaschen stammt aus Großbritannien und wird seit dem 19. Jahrhundert gepflegt. Zu jener Zeit transportierte eine ganze Flotte großer Segelschiffe Salpeter von Chile nach England. Diese zum Teil völlig verschiedenfarbigen Salze faszinierten die Matrosen und regten sie zu dieser sehr speziellen Art der Bastelei an. Im allgemeinen bevorzugten die Matrosen Einmachgläser mit weiten Öffnungen an Stelle von Flaschen. Sie schufen farbenfrohe Kunstwerke mit wunderschönen Motiven...

Um selbst Sandflaschen herzustellen, können Sie zunächst Sand vom Strand Ihres Urlaubsortes mitnehmen. Zu Hause wird der Sand dann mit verschiedenfarbigen Tuschen gefärbt. Anschließend muß er richtig durchtrocknen. Etwas teurer, aber dafür sehr viel praktischer ist es, wenn Sie gefärbte Sände kaufen, wie es sie in Geschäften für Künstlerbedarf gibt. Zögern Sie nicht, dem Material auch nachträglich die Farben zu verleihen, die Sie sich vorstellen.

Der Sand sollte so fein wie nur möglich sein. Denken Sie daran, ihn sorgfältig zu sieben, um zu große Körner, Muschelbruchstücke, Holz- und Glasstückchen zu entfernen. Für reines Weiß können Sie auch Salz oder Zucker verwenden.

Grundsätzlich eignen sich alle Arten von farblosen Glasbehältern. Denken Sie aber daran, daß eine weite Öffnung die Arbeit ungemein erleichtert. Gut, daß es Marmeladengläser gibt...

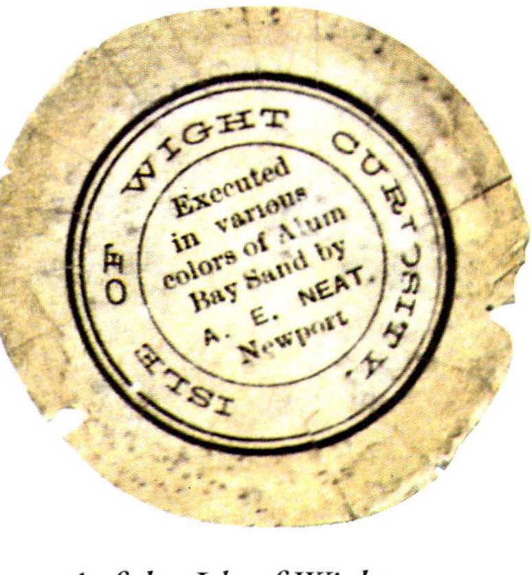

Auf der Isle of Wight erlebte die Tradition der Sandflaschen ihren Höhepunkt. Später wurden Sandflaschen dort auch kommerziell gefertigt.

Zu Beginn sollten Sie zur Übung einfache geometrische Formen in kleinen Flaschen anfertigen. Um schräge Formen zu erhalten, muß die Flasche lediglich etwas gekippt werden.

Um Sandflaschen herstellen zu können, brauchen Sie kaum besonderes Werkzeug: Zwei kleine, gebogene Löffelchen, die so schmal wie der Flaschenhals sind, um kleinste Sandmengen einzubringen. Angespitzte Holzstücke oder Federkiele werden für sehr feine Formen gebraucht. Und vergessen Sie einen Korken am Stiel nicht, um den Sand festdrücken zu können!

Sie mögen es einfacher finden, das gesamte Design zunächst auf Pauspapier zu entwerfen, um es dann auf die Flasche zu übertragen. Notwendig ist dies aber nicht.

Gewußt wie

In der Natur gibt es Sand in den unterschiedlichsten Farben. So sind zum Beispiel die Strände von Inseln vulkanischen Ursprungs häufig schwarz, aber es gibt auch fast weiße Sände. Zermahlene Sedimente ergeben ganz unterschiedliche, lebendige oder blasse Farbnuancen. Wenn Sie aber keine Gelegenheit haben sollten, eine Weltreise zu unternehmen, um die richtigen Sände für Ihre Arbeiten sammeln zu können, machen Sie sich nichts daraus. Industriell hergestellte Sände, speziell aus Sandstrahlbetrieben, sind hervorragend geeignet. Sie sind von der gewünschten Feinheit und fast immer bereits gewaschen. Sie sind leicht zu bekommen und sehr preiswert. Denken Sie aber vor dem Färben daran, daß das Resultat nicht immer unbedingt Ihrer Vorstellung entspricht. Die Grundfarbe des Sandes muß berücksichtigt werden. Blaue Tinte mit gelbem Sand ergibt zum Beispiel eine eher grünliche Färbung!

Bei Ihrem ersten Versuch sollten Sie einen Behälter mit weiter Öffnung wählen.

Um die Wellen des Ozeans darstellen zu können, kratzen Sie mit einem Spatel das Blau etwas weg und füllen Sie diese Stellen mit etwas weißem Sand auf. Arbeiten Sie methodisch, um die gewünschten Effekte zu erzielen. Perfektionisten können auch mit verschiedenen Blautönen arbeiten.

Stampfen, stampfen und wieder stampfen. Der Sand muß regelmäßig und immer wieder sorgfältig festgedrückt werden. Je fester der Sand ist, desto leichter kann man ihn an bestimmten Stellen wieder wegkratzen, und desto geringer ist die Gefahr, daß die Formen verlaufen.

Wenn Sie das Design auf Ihre Flasche übertragen haben...

...müssen Sie ihm einfach nur folgen. Auf dem Meer soll...

...ein kleiner Kutter unter vollen Segeln schwimmen.

Sie müssen grundsätzlich gegen die Wandung arbeiten...

...in Schichtdicken zwischen zwei und fünf Millimetern.

Das Innere der Flasche können Sie nach Belieben...

...mit ordinärem Sand füllen. Den sieht man später nicht.

Vorsicht ist bei feinen vertikalen Elementen geboten.

Stampfen Sie die Schichten zwischendurch gut fest...

...bevor Sie praktisch Korn für Korn bspw. einen Mast einarbeiten.

Und vergessen Sie am Schluß nicht, die Flagge zu setzen!

Um eine schöne Sandflasche herzustellen, muß im unteren Bereich immer wieder gekratzt werden, bevor die Stellen aufgefüllt werden können.

Der Horizont

Die Landschaft bildet immer ein Panorama. Sie fertigen den Kutter, die Insel, den Leuchtturm und die untergehende Sonne gleichzeitig, indem Sie die Flasche drehen.

Beginnen Sie damit, den Sand horizontal einzubringen.

Kratzen Sie dünne Linien mit einem spitzen Werkzeug...

...wie mit einer Feder oder einem Holzspieß vorsichtig aus.

Dann füllen Sie mit einem spitzen Löffelchen vorsichtig...

...einzelne Sandkörner in die entstandenen Lücken ein.

Dies ist eine langsame Arbeit, die viel Geduld erfordert.

Stampfen Sie den Sand immer wieder möglichst fest.

Um Sand in einer Farbe auf dem ganzen Horizont zu verteilen...

...drehen Sie die Flasche langsam während des Einschüttens.

Dann füllen Sie das Innere der Flasche mit gewöhnlichem Sand.

Denken Sie daran, jede Kleinigkeit zählt, und...

...Fehler sind nur sehr schwer wieder auszumerzen.

Gestalten Sie nur direkt an der Wand mit farbigem Sand.

Die Sandschichten dürfen nie dicker als höchstens fünf Millimeter sein. Manchmal müssen Sie bei Details praktisch Korn für Korn arbeiten!

Details werden mit einem kleinen Korken oder einem Nagelkopf...

..vorsichtig angedrückt, ohne den Behälter dabei zu bewegen.

Das Festdrücken ist in einem Behälter mit großer Öffnung...

...einfacher, als durch einen engen Flaschenhals hindurch.

Ein Kinderspiel...

Wenn Sie Ihren Kindern die Kunst der Sandflaschen nahebringen wollen, versuchen Sie es auf die schmackhafte Tour. Tatsächlich lassen sich die schönsten Motive auch mit gefärbtem Zucker herstellen. Die Technik ist die gleiche wie mit Sand.

Wenn Sie ein Einmachglas zur Herstellung eines Kunstwerkes verwenden, können Sie sicher sein, daß die Arbeit später hermetisch konserviert sein wird. Sicher wollen Sie den Gummi- oder Kunststoffring aber verdecken, damit das Produkt besser aussieht. Kleben Sie deshalb um den Glasdeckel herum ein Stück Tauwerk.

Verwenden Sie gemahlenen weißen und braunen Zucker, mit dem Sie erstaunliche Effekte erzielen können. Besorgen Sie sich Lebensmittelfarben, dann können Sie die Zucker in allen Farben des Regenbogens leuchten lassen! Wenn der Zucker gefärbt ist, lassen Sie ihn gut auf saugfähigem Papier trocknen, bevor Sie ihn abschaben und weiterverarbeiten. Sammeln Sie kleine Konfitürebehälter oder Glasfläschchen für Babynahrung für die ersten Versuche Ihrer Kinder.

Die Farben der Welt

Heutzutage sieht man vor allem in Brasilien ganze Familien, die sich mit der Herstellung von Sandflaschen kommerziell beschäftigen. Die einen sammeln passende Glasbehälter, andere suchen und sieben farbige und gefärbte feine Sände, und die Künstler unter ihnen stellen die Sandflaschen schließlich her. Die beliebtesten Sammlerobjekte aber sind Sandflaschen, die von Seeleuten unterwegs hergestellt wurden und die bevorzugte Landschaften oder Marinemotive darstellen. Einige wenige Flaschenkunstwerke sind handsigniert und deshalb von besonders hohem Wert. Die meisten aber stammen von unbekannten Künstlern.

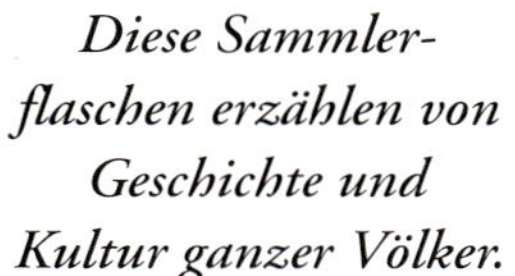

Diese Sammlerflaschen erzählen von Geschichte und Kultur ganzer Völker.

Um lange Zeit überdauern zu können, müssen die Flaschen gut verschlossen sein. Im Laufe der Zeit werden die Flaschen zwangsläufig immer wieder bewegt. Vibrationen führen dazu, daß sich der Sand durch sein Eigengewicht immer mehr verdichtet. Wenn eine Flasche dann kippt, ist das Kunstwerk für immer dahin...

Es gibt verschiedene Möglichkeiten, die Flaschen dauerhaft zu verschließen: Man kann die letzte Schicht mit Klebstoff vermischen oder auch Pfropfen aus Wachs verwenden. Am häufigsten werden normale Korken mit Druck in den Hals gepreßt.

FANCYWORK

Fancywork, die Kunst der Knoten und des Knotens, bietet unendlich viele Möglichkeiten. Einfache Knoten oder äußerst komplizierte Verzierungen – alles ist möglich und machbar. Mit einigen Metern Tauwerk können Sie ein Armband, eine Decksmatte, eine Affenfaust, einen Türkischen Bund oder eine Knotentafel herstellen. Beweisen Sie Ihre Fähigkeiten, indem Sie Ihre Lieblingsobjekte verzieren.

Um die Rümpfe von Yachten vor Beschädigungen und gegen Stöße zu schützen, werden Sie mit aufblasbaren Fendern aus Kunststoff versehen. Betrachtet man sich aber historische Schiffe, wird man häufig traditionell handgeknüpfte Fender aus Tauwerk entdecken, so wie sie früher von den Seeleuten angefertigt worden sind.

Oben, links und unten sehen Sie drei verschiedene Sorten von Armbändern. Wenn Sie sich dafür interessieren, besorgen Sie sich „Das Ashley-Buch der Knoten“ (Verlag Edition Maritim), in dem über 3800 Nutz- und Zierknoten abgebildet und beschrieben sind.

Nichtkommerzielle Beschäftigungen sind für viele die schönsten Arbeiten. Die Kunst der Knoten gehört zweifellos dazu, denn damit lassen sich beliebige Objekte wie zum Beispiel dieser Ring oder das Fernrohr individuell verzieren. Alltägliche Dinge werden zu Kunstwerken.

Versetzen Sie sich in die Zeit, als das gesamte Tauwerk noch von Reepschlägern auf den Reeperbahnen von Hand hergestellt wurde. Oder stellen Sie sich die vielen Kilometer Tauwerks vor, die auf den großen Segelschiffen zu deren Bedienung notwendig sind. Nun überlegen Sie sich, wieviel Tauwerk während einer Reise ersetzt werden mußte, weil es gebrochen, alt und durchgescheuert war. Und weil die Seeleute nichts mehr haßten, als untätig herumzusitzen, begannen sie, mit den Tauwerksresten, die an Bord keine Verwendung mehr fanden, zu spielen und zu basteln. Das Tauwerk wurde so weit auseinandergenommen, bis nur noch die dünnen Kardeele übrig blieben. Dann begannen die Seeleute, damit ihre persönlichen Utensilien zu verzieren. So hat sich die Kunst der Knoten entwickelt, auch Fancywork genannt, eine Kunst, die die vielen Fertigkeiten früherer Seeleute widerspiegelt.

Von links nach rechts: das Futteral eines hohlen Marlspiekers, der Knauf eines hölzernen, massiven Marlspiekers und ein Glockensteert. Alle drei wurden mit weißer Baumwolle geknüpft.

Ob man einen Schäkel aus etwas Tauwerk nachbilden will oder eine Dose für Segelmachernadeln verziert – das alles ist vielleicht überflüssig. Aber: durch die Knotenkunst wird jedes Objekt zu einem Einzelstück!

Die Knoten

Die Matrosen des 19. Jahrhunderts kannten Hunderte von Knoten, von denen jeder seinen besonderen Zweck erfüllte. Sie erfanden immer neue, kompliziertere Varianten. Wenn die Matrosen ihre Fähigkeiten unter Beweis stellen wollten, veranstalteten sie regelrechte Wettbewerbe.

Von links nach rechts: ein Fischerknoten, ein doppelter Schotstek, eine kurze Trompete, ein Trossenstek und ein Kreuzknoten.

Diese Knoten mit zwei Buchten wurden auch dazu verwendet, nach einem Mastbruch die Wanten an einem Notmast zu befestigen. Es sind sehr dekorative Knoten, die sich auch auf einem Knotenbrett gut machen.

Unten: um das Ende einer Schot, eines Falls oder eines Festmachers zu sichern, wurde oft ein Augspleiß aufgesetzt.

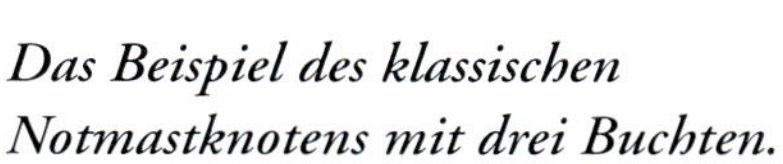

Das Beispiel des klassischen Notmastknotens mit drei Buchten.

Bekannte Knoten: ein Palstek und der klassische Henkersknoten (Mitte). Den Henkersknoten brauchen Sie nicht mehr zu üben, er wird in heutigen Zeiten glücklicherweise nicht mehr gebraucht.

Der doppelte Palstek wurde auch dazu benutzt, einen Bootsmannsstuhl zu ersetzen und einen Matrosen in das Rigg vorzuheißen. Das war praktisch, aber auch sehr unkomfortabel!

Die drei Ringe aus Tauwerk sind auf geheimnisvolle Art und Weise ineinander verschlungen. Wo beginnt das Tauwerk und wo endet es? Damit können Sie Ihre Freunde in Staunen versetzen. Das Geheimnis ist der Langspleiß.

Kaufen Sie sich zum Üben ein paar Meter Tauwerk, das Sie in jedem besseren Baumarkt bekommen. Sehr schnell werden Sie Dutzende verschiedener Knoten beherrschen.

Wenn Sie selbst Armbänder oder Manschettenknöpfe aus Tauwerk herstellen wollen, haben Sie die Qual der Wahl: Es gibt Tauwerk in allen vorstellbaren Farben, Stärken und Materialien.

Die Affenfaust

Beginnen Sie, indem Sie das Tauwerk in drei parallelen Buchten...

...locker über Ihren Zeigefinger und Ihren Mittelfinger legen.

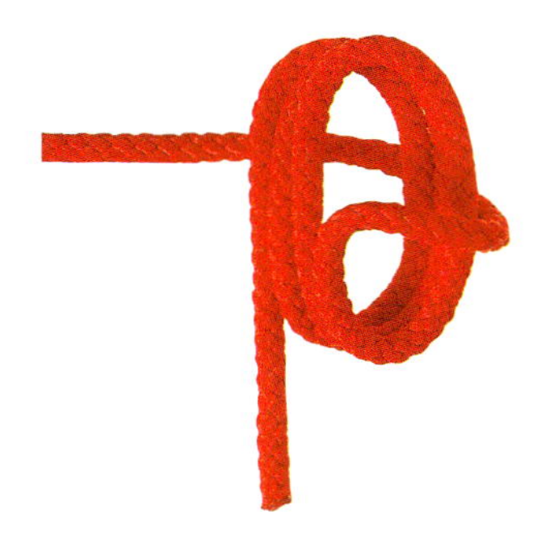

Legen Sie dann drei waagerechte Buchten um die ersten drei...

...ohne daß sie sich dabei an irgendeiner Stelle überkreuzen.

Führen Sie das freie Ende zuerst oben durch die drei ersten Buchten...

...und dann unten hindurch. Ziehen Sie das Ende vorsichtig etwas fest.

Jetzt ist die erste innere Bucht fertiggestellt und Sie können die...

...zweite in Angriff nehmen. Legen Sie vollständige Buchten, bis...

...insgesamt drei Buchten durchgeführt sind. Dann ziehen Sie das...

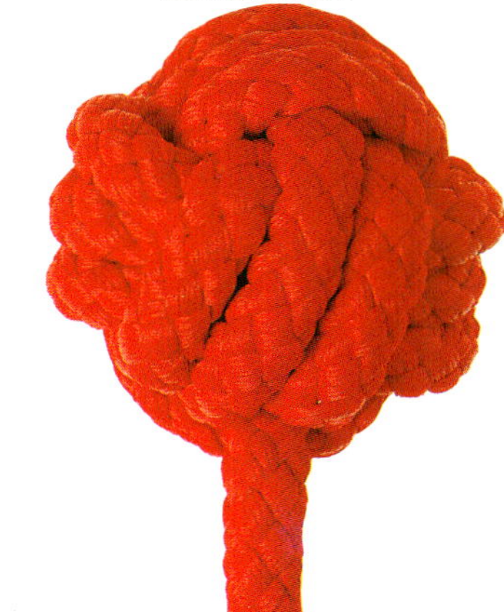

...Tauwerk überall gleichmäßig fest. Wenn Sie sich dazu entscheiden, ein Gewicht im Inneren der Affenfaust unterbringen zu wollen, halten Sie es zu Beginn mit Ihren Fingern fest.

Eine Affenfaust ist eine kleine, feste Kugel am Ende einer dünnen Leine. Die Kugel ist meist mit einem Stück Blei im Inneren beschwert. Mit dieser Wurfleine können große Distanzen überbrückt werden, um schwere Festmacher, die ans Ende der Wurfleine geknotet sind, problemlos an Land übergeben zu können. So werden auch heute große Schiffe festgemacht.

Der Türkische Bund

Legen Sie zwei Törns um das Objekt, das Sie verzieren möchten.

Legen Sie die beiden Törns über Kreuz, und führen Sie das Ende hindurch.

Wiederholen Sie diesen Vorgang, während Sie das Objekt dabei drehen.

Ziehen Sie das Tauwerk immer wieder etwas fest, damit es seine Lage behält.

Machen Sie immer weiter, und vergessen Sie dabei nicht, das...

...Tauwerk immer wieder nachzuziehen. Wenn Sie das Objekt...

...umrundet haben, liegt das lose Ende parallel zu einem der ersten Törns.

Folgen Sie mit dem losen Ende dem Lauf des Tauwerks zwei-, drei- oder gar viermal...

...parallel, bis der Türkische Bund fertiggestellt ist. Ziehen Sie dann...

...das Tauwerk möglichst fest, und verstecken Sie die Enden.

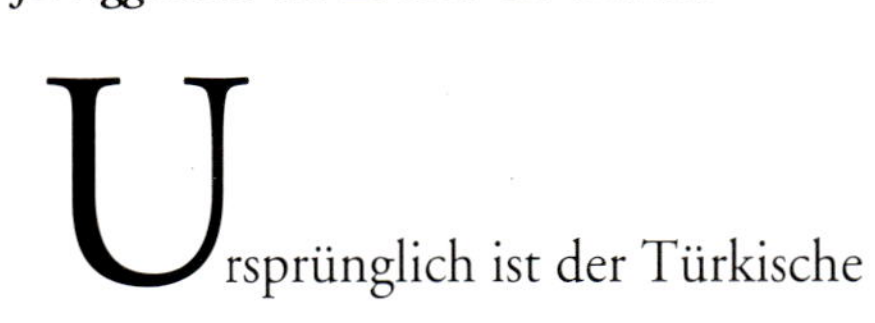

Ursprünglich ist der Türkische Bund entwickelt worden, um ein Abrutschen der Hände von bestimmten Stellen zu verhindern, wie zum Beispiel an der Pinne. Heutzutage werden alle möglichen zylindrischen Objekte mit Türkischen Bünden verziert.

Die Decksmatte

Früher, an Bord der großen Segelschiffe, haben sich die Matrosen ovale Matten unter die nackten Füße gebunden, damit sie am Ruder stehend nicht ausrutschen konnten. Diese Matten sahen gut aus, waren auch einigermaßen komfortabel und erleichterten die schwere Arbeit des Rudergängers bei Seegang ungemein. Später, an Bord von Segelyachten, wurden die Matten dazu benutzt, das Deck und lackierte Hölzer vor schweren Blöcken zu schützen. Heutzutage dienen Decksmatten fast nur noch zur Verzierung. Sie werden aus verschiedenen Tauwerksarten und in beliebigen Farben geknüpft.

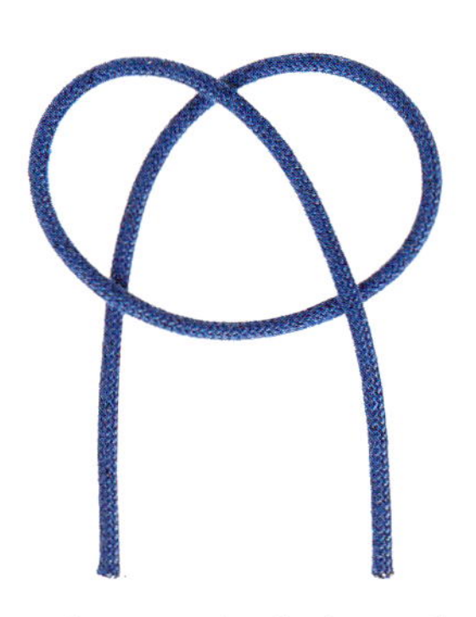

Halten Sie das linke Ende des Tauwerks fest und arbeiten Sie...

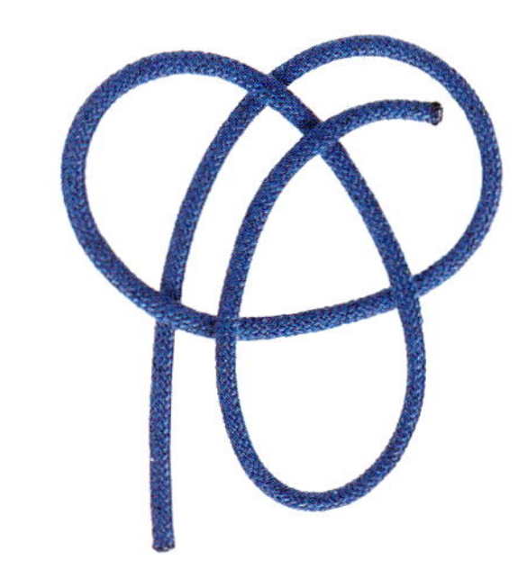

...mit dem rechten. Legen Sie regelmäßige Buchten wie abgebildet.

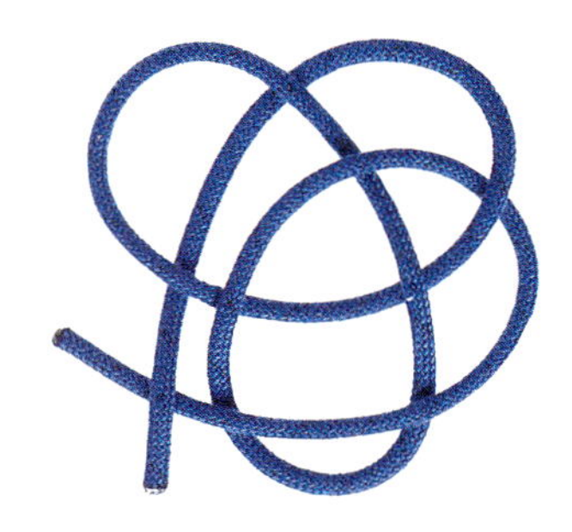

Arbeiten Sie vor allem sorgfältig und exakt nach den Darstellungen.

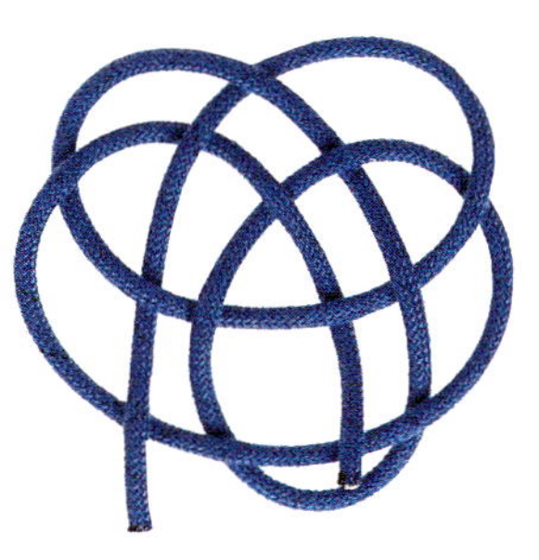

Wenn Sie alle sechs Buchten richtig angelegt haben, führen Sie das...

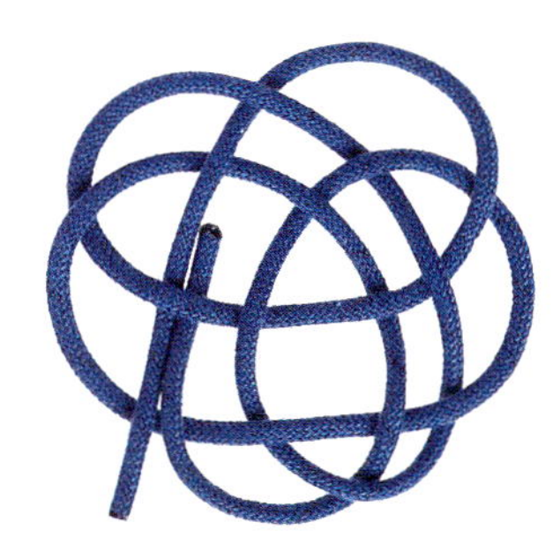

...freie Ende parallel zum festen Ende des Anfangs. Die Matte ist jetzt...

...fast fertig. Führen Sie das Tauwerk dreimal parallel und ziehen Sie es fest.

Im Grunde ist die Decksmatte nichts anderes als eine plattgedrückte Affenfaust. Eine Matte mit sechs Buchten ist rund, mit fünf oder nur vier Buchten wird sie hingegen eher eckig.

Die Knotentafel

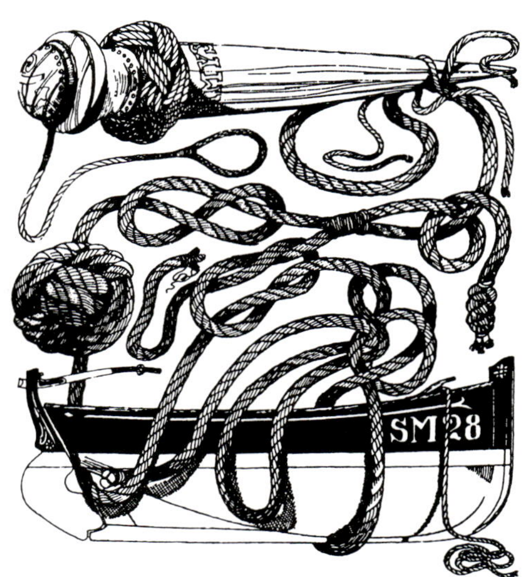

Bereiten Sie Ihr Material vor: eine etwa 20 mal 30 Zentimeter große Sperrholzplatte, Profilleisten für den Rahmen,...

Einige Zentimeter Tauwerk, die auf einer Holzplatte befestigt sind und verschiedene, mehr oder weniger einfache Knoten darstellen, gehörten lange Zeit zu den Ausbildungsutensilien angehender Matrosen. Sie mußten die Knoten immer und immer wieder nachmachen, bis sie sie auch im Schlaf beherrschten. In heutigen Zeiten werden Knotentafeln fast nur noch zu Dekorationszwecken angefertigt, auch wenn immer noch viele Segelschüler sie als Vorbilder für ihre Übungen verwenden. Knotentafeln sind leicht herzustellen.

Wenn Sie die Plätze für die Knoten festgelegt haben, malen Sie die Namen auf.

...etwas Bootslack, einen Pinsel, einige kleine Messingnägel, einen Bleistift und genügend Tauwerk, um acht Knoten machen zu können.

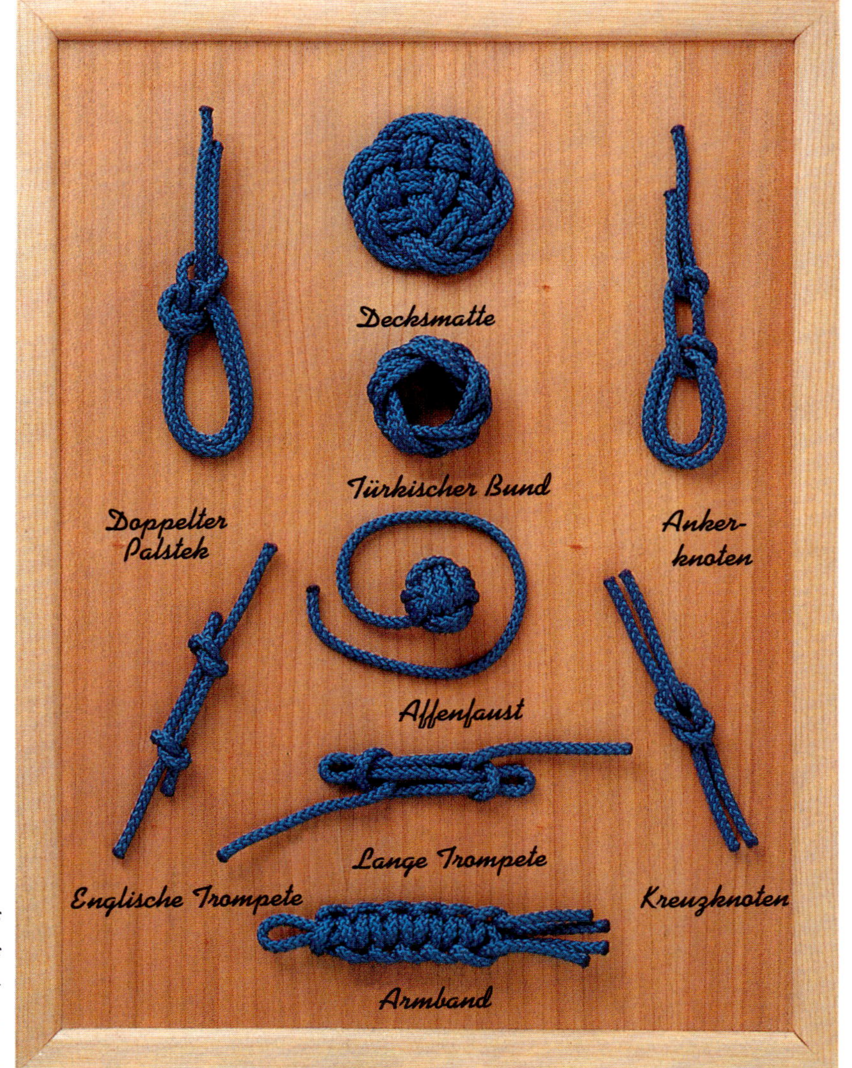

Wir haben für unsere Knotentafel des besseren Kontrastes wegen blaues Tauwerk verwendet. Schöner jedoch sieht Material aus, das dem traditionellen weißen Tauwerk entspricht.

Dann machen Sie die Knoten und nageln Sie sie fest. Die Köpfe der Nägel können Sie innerhalb des Tauwerks verstecken.

Die Knotenkunst bietet Ihnen fast unendlich viele Möglichkeiten. Wählen Sie Knoten, die Ihnen gefallen. Auf größeren Platten können Sie natürlich mehr Knoten unterbringen.

Schöne Aussichten!

Seekisten, Schatzkisten… nachdem Sie jetzt ein wenig in die Kunst der Knoten eingestiegen sind, werden auch Sie künftig die vielen kurzen Tauwerksenden aufheben, die an Bord immer wieder anfallen. Auch Sie werden bald keine Ruhe mehr finden, wenn Sie nicht irgend etwas aus diesen Abfallstücken flechten, knoten oder verzieren. Und bald werden sicherlich Ihre Wände und Ihre Möbel mit einer wahren Kollektion von Knotenbrettern, Decksmatten, Türkischen Bünden oder anderen mehr oder weniger komplizierten Knotenarbeiten verziert sein. Ach ja, eine kleine Affenfaust für das Schlüsselbund darf natürlich nicht fehlen, und wer weiß, wie viele Ihrer Freundinnen und Freunde bald stolz von Ihnen gefertigte Armbänder tragen!

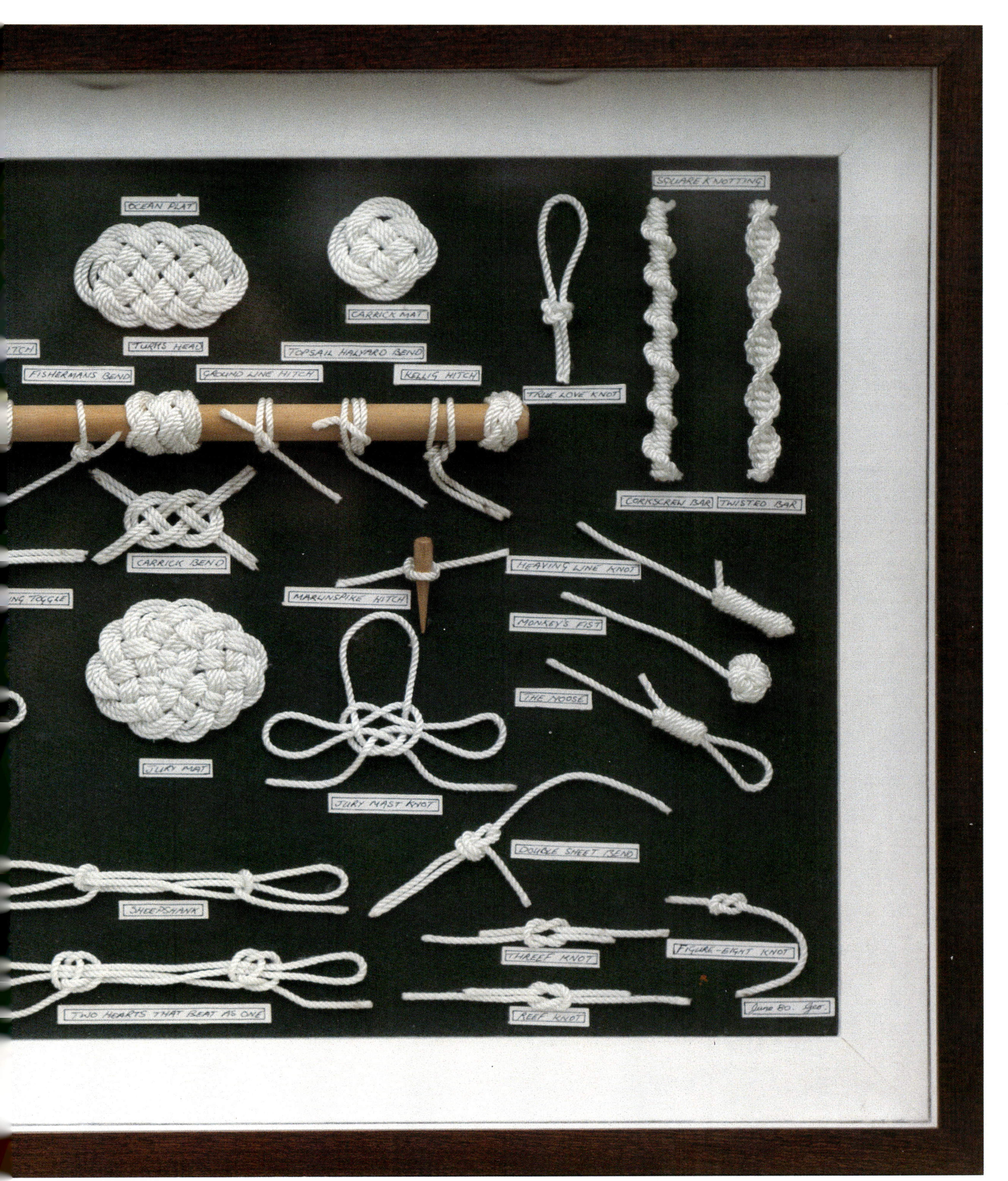
OCEAN PLAT
CARRICK MAT
TURKS HEAD
TOPSAIL HALYARD BEND
FISHERMANS BEND
GROUND LINE HITCH
KELLIG HITCH
TRUE LOVE KNOT
SQUARE KNOTTING
CORKSCREW BAR
TWISTED BAR
CARRICK BEND
HEAVING LINE KNOT
MARLINSPIKE HITCH
MONKEY'S FIST
THE NOOSE
JURY MAT
JURY MAST KNOT
DOUBLE SHEET BEND
SHEEPSHANK
THREEF KNOT
FIGURE-EIGHT KNOT
TWO HEARTS THAT BEAT AS ONE
REEF KNOT
June 80. Geo.

STICKBILDER

Es gab einmal eine Zeit, in der die Seeleute stickten, um sich die Langeweile zu vertreiben, wenn der Wind eingeschlafen war. Sie nahmen ein Stück Leinen, die Ecke eines zerrissenen Segels oder einen Baumwollfetzen und hinterließen darauf Zeugnisse ihres Seefahrerlebens: Sie stickten natürlich überwiegend Segelschiffe!

Sie benötigen folgendes Arbeitsmaterial: Stickgarn in verschiedenen Farben (wir haben hier Sticktwist aus merzerisierter Baumwolle verwendet; man kann aber auch mit Wolle oder Seide sticken), ein Maßband, stumpfe Sticknadeln, eine Schere und einen Kopierstift zum Übertragen der Motive auf den Stoff.

Absolutes Muß für ein derartiges Stickvorhaben ist ein Stickrahmen. Damit wird der Stoff während des Stickens gespannt und ermöglicht gleichmäßige Stiche.

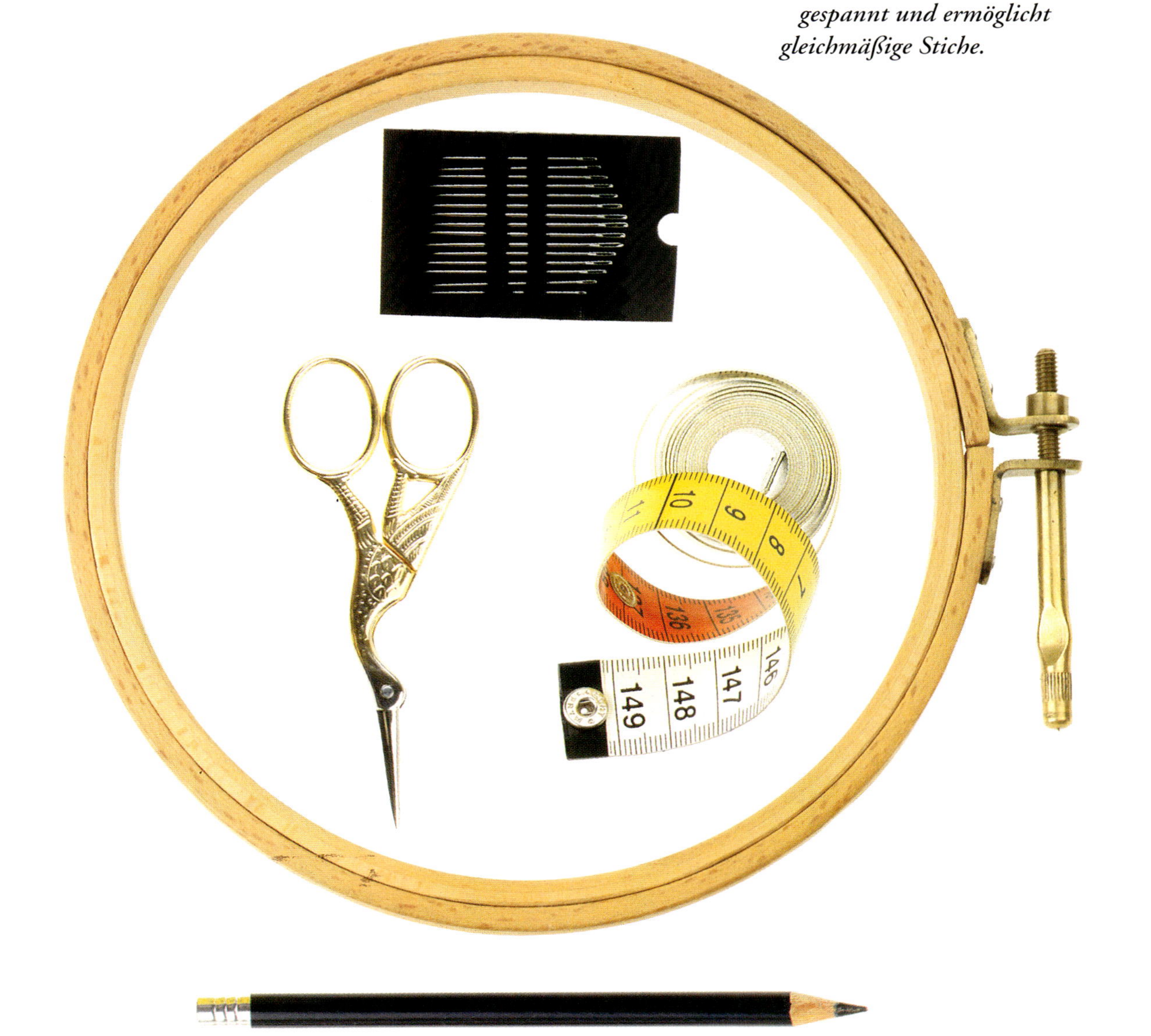

Es bleibt Ihnen überlassen, ob Sie das Motiv für Ihre erste Stickarbeit selbst entwerfen und dabei Ihrer Phantasie freien Lauf lassen oder ob Sie ein bereits existierendes Bild kopieren. Wir haben uns für die Reproduktion eines alten Stickbildes entschieden, auf dem die Bucht von Neapel abgebildet ist. Wir wollen damit jenen anonymen Künstler, der dieses Bild, an dem wir uns noch heute erfreuen können, geschaffen hat, zu Ehren kommen lassen. Da wir weder wissen, wer, noch wann er es geschaffen hat, bleibt sein Werk ein wenig geheimnisumwittert.

Das Motiv wird auf Transparentpapier übertragen. Das Papier wird gewendet und die Linien mit einem speziellen Kopierstift nachgezogen, wieder gewendet, auf den Stoff gelegt und mit niedriger Temperatur überbügelt. Auf Stickgrund aus feinem Leinen lassen sich auch kleinste Details gut herausarbeiten.

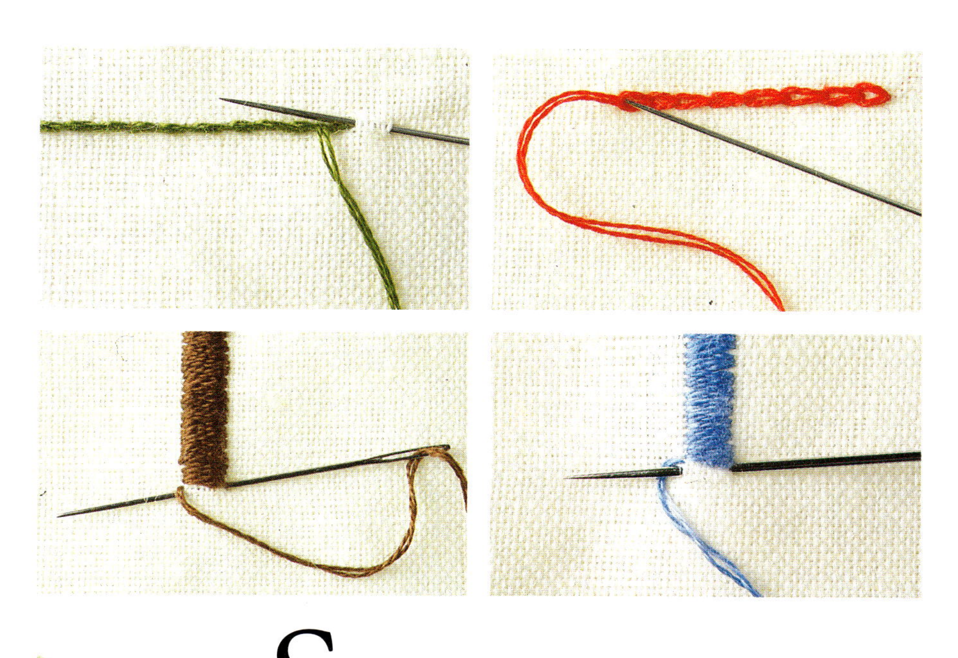

Die Sticharten...

Stielstich (grün):
Mit diesem plastischen Linienstich können Sie alle Konturen und geschwungenen Linien präzise nachsticken.

Kettenstich (rot):
Wirkt kompakter als der Stielstich und wird daher für die Umrandungen und die Fahne verwendet, wobei die Wirkung noch verstärkt wird, wenn man den Sticktwist sechs- statt zweifädig verarbeitet.

Plattstich (braun):
Damit werden die einzelnen Motive ausgestickt. Da sich die Stichbreite nach den jeweiligen Außenkonturen richtet, entstehen klar voneinander abgegrenzte Flächen.

Ineinandergreifender Plattstich (blau):
Das ist der in unserem Bild am häufigsten verwendete Stich, da damit alle größeren Flächen zwischen den einzelnen Motiven ausgefüllt werden. Durch geschicktes Setzen der verschieden langen Stiche kann man Schattierungen einarbeiten und das Bild ansprechend gestalten.

Sticktwist besteht immer aus sechs locker verzwirnten Fäden. Um ein feineres Stickbild zu erhalten, teilen Sie das Garn, und arbeiten Sie alle Stiche mit zwei Fäden.

Alle Einzelmotive sind jetzt fertig gestickt. Sicherlich wurde Ihre Geduld dabei bereits auf eine harte Probe gestellt. Nun gilt es, den Hintergrund auszufüllen. Aber täuschen Sie sich nicht, auch das ist eine schwierige und langwierige Arbeit! Doch wer zählt schon die Stunden, wenn es darum geht, eine Leidenschaft zu verwirklichen?

Die Stickfäden sollten nicht zu lang sein, besonders wenn man größere Flächen mit Plattstichen füllt. Längere Fäden verknoten sich leicht, nutzen sich ab und fransen aus. Achten Sie darauf, daß sich der Arbeitsfaden nicht verdreht, damit das Stickbild gleichmäßig wird.

Früher verwendete man viele unterschiedliche und mit äußerster Sorgfalt aufeinander abgestimmte Farbnuancen, um einem Bild eine gewisse räumliche Perspektive zu verleihen. Einen ähnlichen Effekt erreicht man, wenn man statt zwei Fäden der gleichen Farbe je einen helleren und einen dunkleren zweier benachbarter Farbtöne miteinander kombiniert.

Sie können Ihr Bild mit einer gestickten Umrandung oder mit einem Holzrahmen versehen. Deshalb muß bereits beim Zuschneiden des Stoffes ein genügend breiter Rand mit einkalkuliert werden.

Während die Frauen der Sardinienfischer auf die Rückkehr ihrer Männer und deren Fang warteten, vertrieben sie sich die Zeit mit Handarbeiten. Dabei ließen sie den Horizont nie aus den Augen.

Dieses alte mit Wolle gestickte Bild zeigt eine Dreimastbark

und zwei Lotsenkutter vor Falmouth.

MUSCHELBILDER

Muscheln gibt es in allen Farben und Formen. Man findet sie an jedem Strand der Welt. Und überall werden sie von Kindern eimerweise gesammelt. Größere Exemplare kann man ans Ohr halten und das Meer rauschen hören – selbst wenn man sich im Hochgebirge befindet. Man kann sie durchbohren, zu Ketten auffädeln oder als Schmuck an Kleidungsstücke annähen. Sie wurden als Musikinstrumente und als Zahlungsmittel eingesetzt. Zur Zeit des großen Baumeisters Mansart hat man sogar ganze Zimmer mit Muscheln tapeziert. Man kann aber auch die reichhaltige Palette der verschiedenen Muschelarten nutzen, um wunderschöne, etwas nostalgisch wirkende Bilder anzufertigen, die vom Meer und der Seefahrt erzählen.

Miesmuscheln, Pfahlmuscheln, Schneckengehäuse, lange dünne, kleine runde – all diese und viele andere Arten eignen sich bestens...

Sammeln Sie bei Ihren Strandspaziergängen nur Muscheln mit gleichen Farbnuancen, und bevorzugen Sie die perlmuttartigen Sorten, da diese das Licht besser reflektieren und dadurch plastischer wirken. Verfallen Sie vor allem nicht in den Irrtum, daß ein Bild mit großen Muscheln einfacher zu gestalten ist, sondern denken Sie vielmehr daran, daß Sie viele kleine Muscheln brauchen werden, um den Hintergrund gleichmäßig ausfüllen zu können.

Zuerst werden die Umrisse des Bildmotivs auf eine Sperrholzplatte gezeichnet. Verzichten Sie dabei auf komplizierte Details, die selbst mit kleinsten Muscheln nicht realisierbar sind.

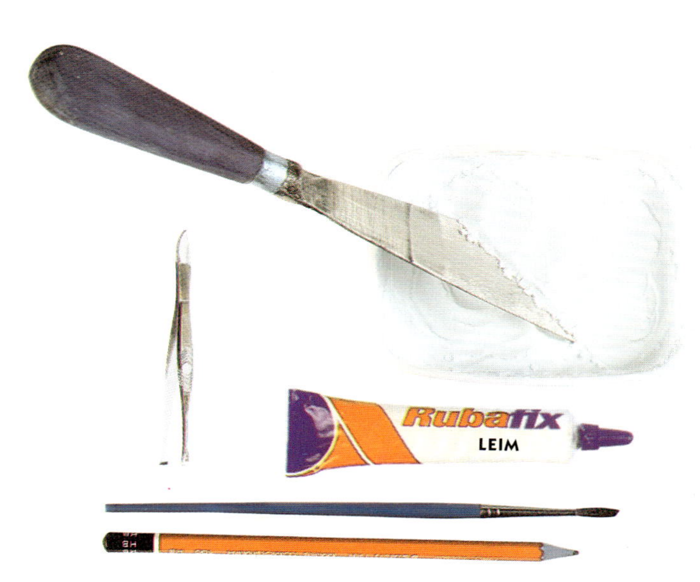

Als Grundausrüstung benötigen Sie einen Spachtel zum Auftragen des Gipses, eine Pinzette, Klebstoff und einen Bleistift.

Um Körper, Gesicht und Haare der Nixe hervorzuheben, werden diese Flächen mit Gips aufgefüllt. Modellieren Sie den Gips formgerecht, und lassen Sie ihn trocknen.

Kolorieren Sie die verschiedenen Bildflächen mit Deckfarben, die in etwa den Muschelfarben entsprechen. So wird einerseits der Untergrund abgedeckt, und andererseits ist es dann viel einfacher, die vorsortierten Muscheln entsprechend zu verteilen. Verwenden Sie für die Details nur kleine Muscheln.

Bevor man mit dem Aufkleben der Muscheln beginnt, müssen diese sorgfältig gewaschen werden und vollständig trocken sein. Sie sollten unserem Beispiel folgen und sie außerdem nach Form, Farbe, Größe und Motiv sortieren. Es erleichtert die Arbeit ungemein, wenn Sie nur noch in den richtigen Behälter greifen müssen. Als Klebstoff genügt ein normaler Vinylkleber.

Muscheln können zum Träumen anregen. Hofft man nicht manchmal sogar, daß sich in ihrem geheimnisvollen Inneren eine große, schimmernde und perfekt geformte Perle befindet? Es ist nicht verwunderlich, daß man sich gerade der Muscheln bedient hat, um damit die Wände von Schmuckschatullen und anderen geheimnisvollen Kästchen zu verkleiden…

Sie werden kaum eine größere Menge Muscheln finden, die vollständig intakt sind. Das ist aber nur halb so schlimm, da man Risse und Bruchstellen nur aus nächster Nähe sehen kann. Gehen Sie bei der Vollendung der Details besonders sorgfältig vor, vor allem, wenn Sie verschiedene Muscheln übereinanderkleben.

Wenn das Bild fertig ist, können Sie es farblos lackieren und einrahmen. So kommt es noch besser zur Geltung. Sollte Ihnen unser Modellvorschlag zu kompliziert sein, dann versuchen Sie es zunächst mit einfacheren Motiven. Wenn Sie dabei Ihrer Phantasie freien Lauf lassen, werden Sie erstaunliche Resultate erzielen. So kann man zum Beispiel mit ein paar Pinselstrichen aus Krebsscheren einen kauzigen Kopf anfertigen!

Im Muschelmuseum von Granville kann man wahre Meisterwerke dieser besonderen Kunst bewundern. Wer weiß, vielleicht hängt ja eines Tages auch Ihr Bild zwischen diesen raffiniert gestalteten Exponaten...

Schiffsrisse

Um einige Bastelobjekte dieses Buches leichter nachbauen zu können, haben wir die wichtigsten Pläne dreier Schiffe abgedruckt:

Bel Ami
(Buddelschiff)

SEGELPLAN

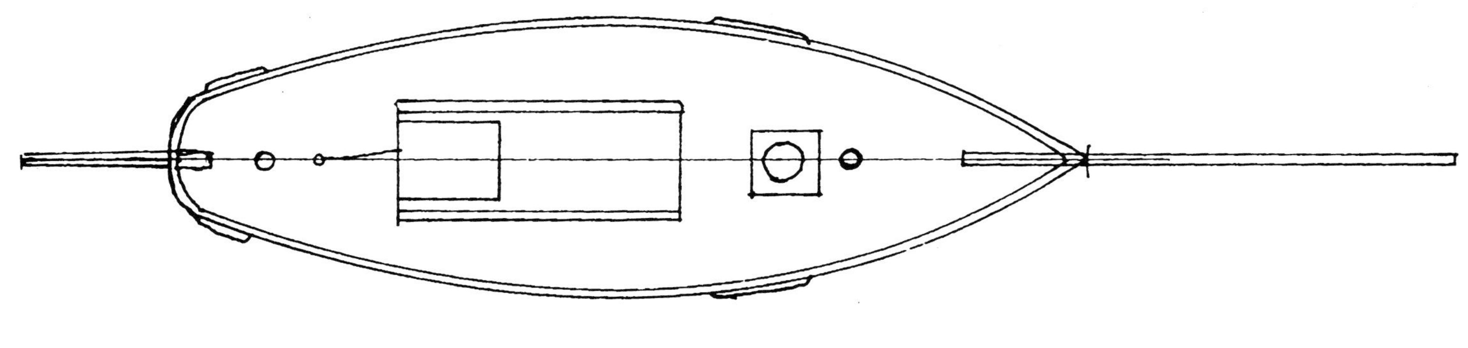

DECKSPLAN

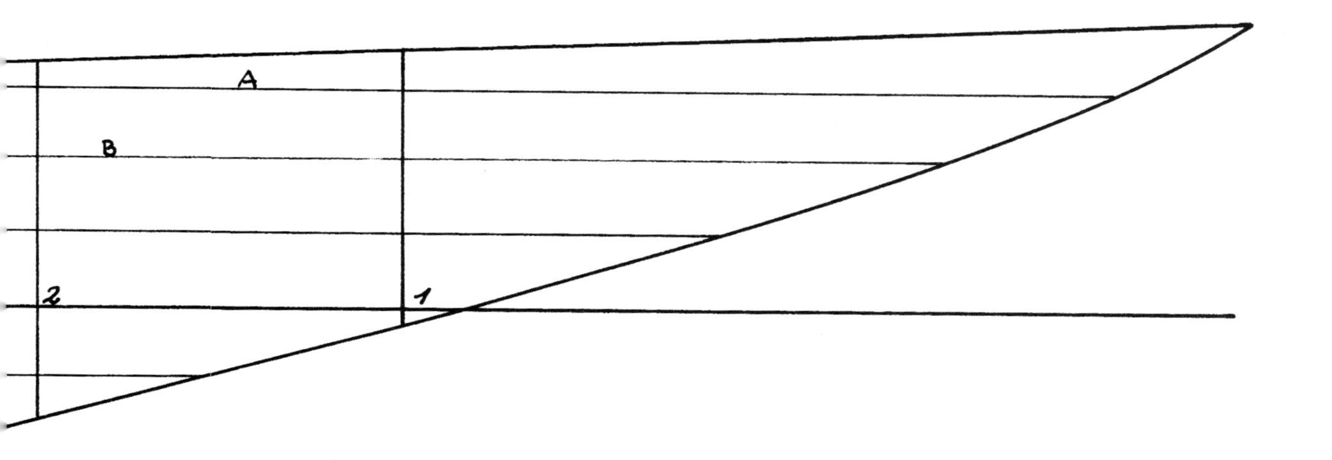

SPANTENRISS

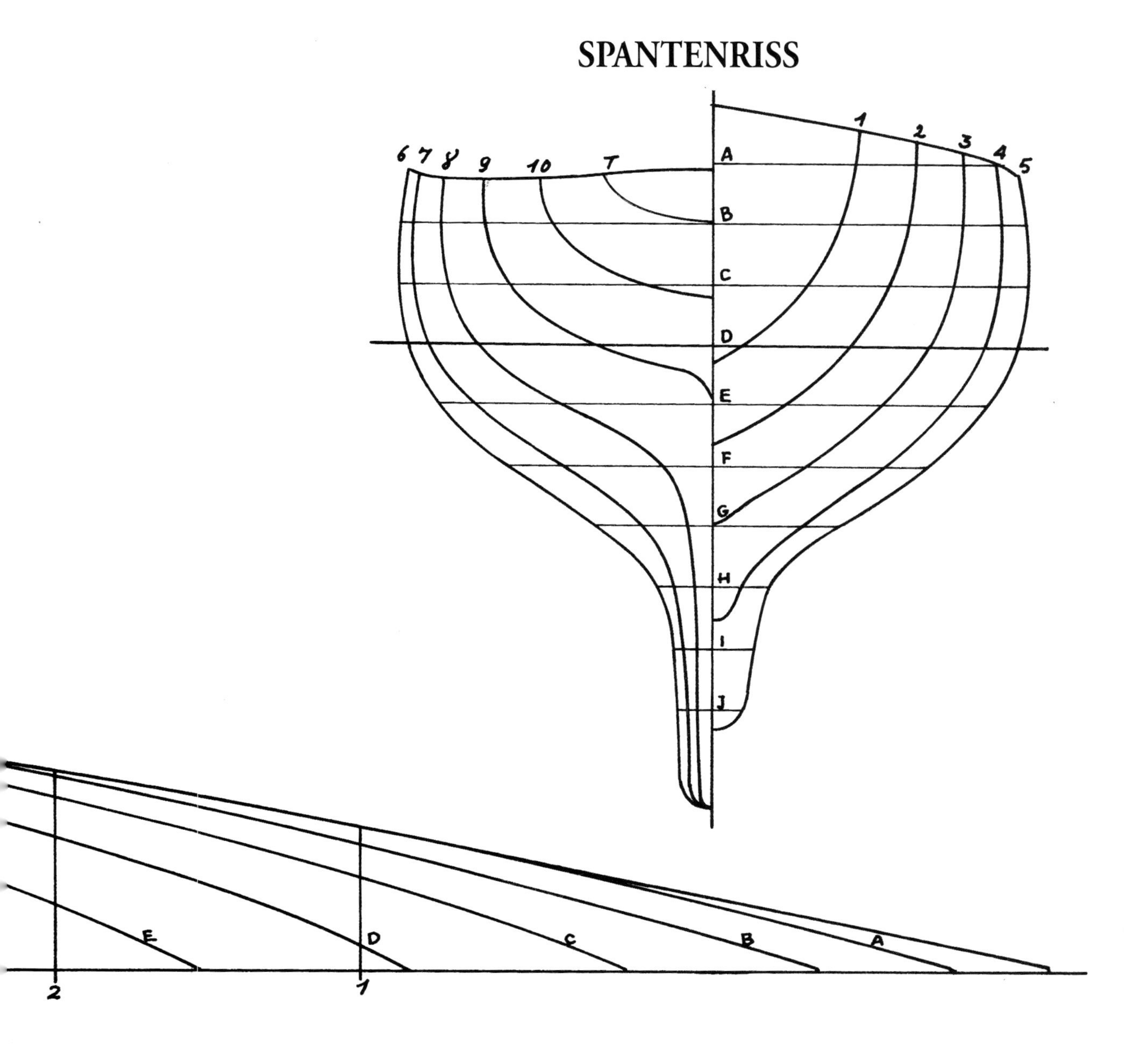

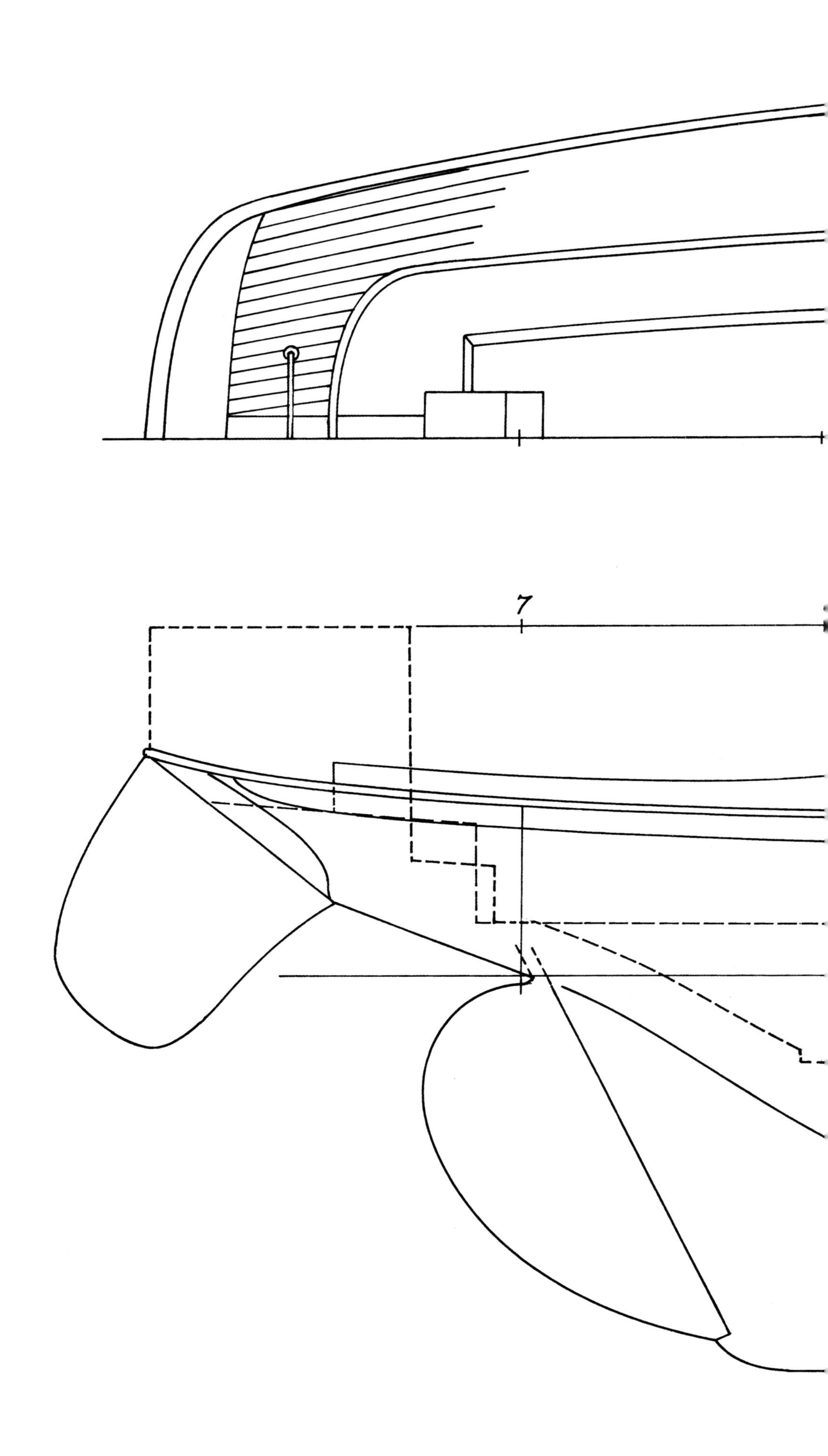
7

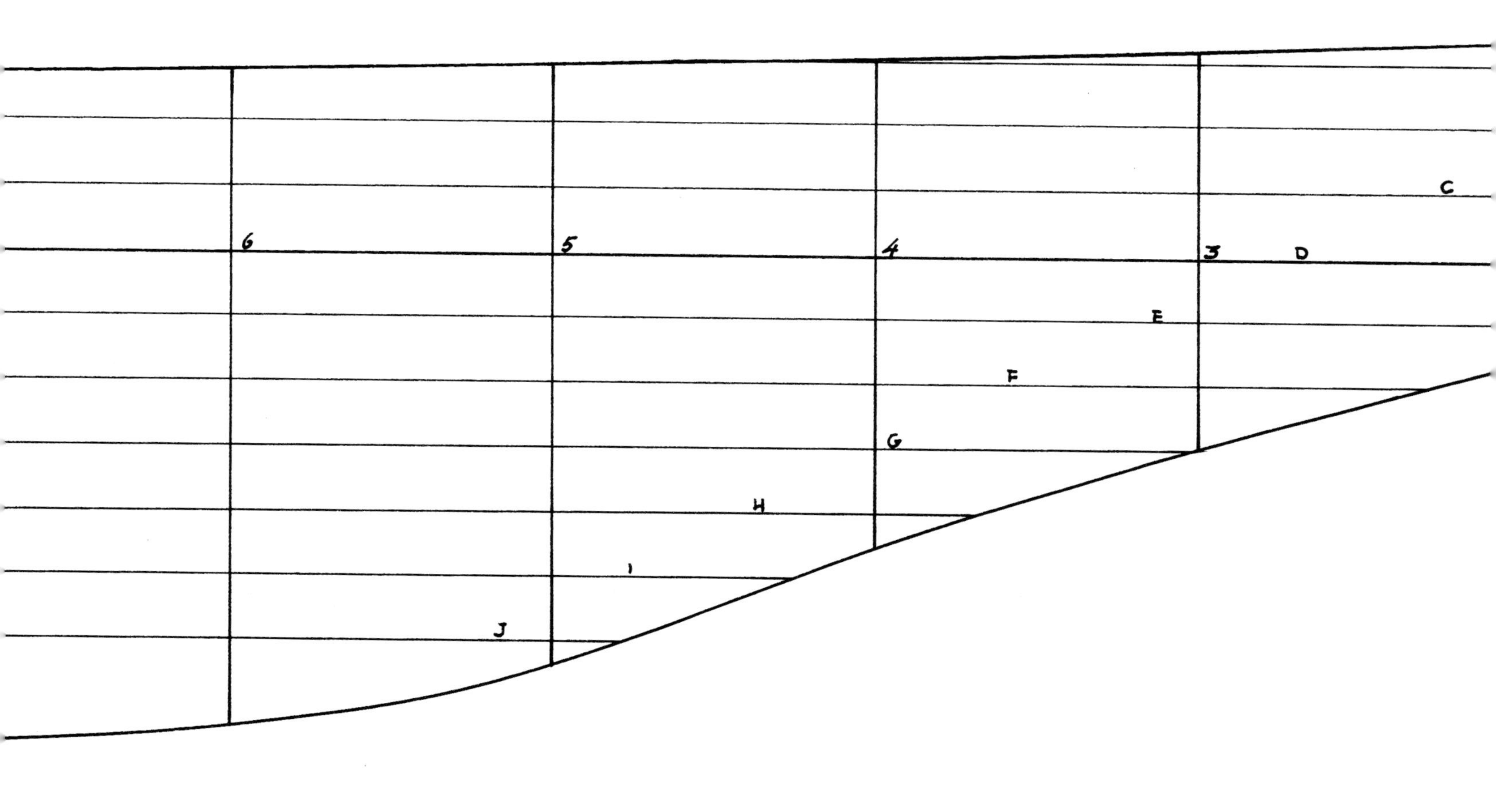

SEITENANSICHT

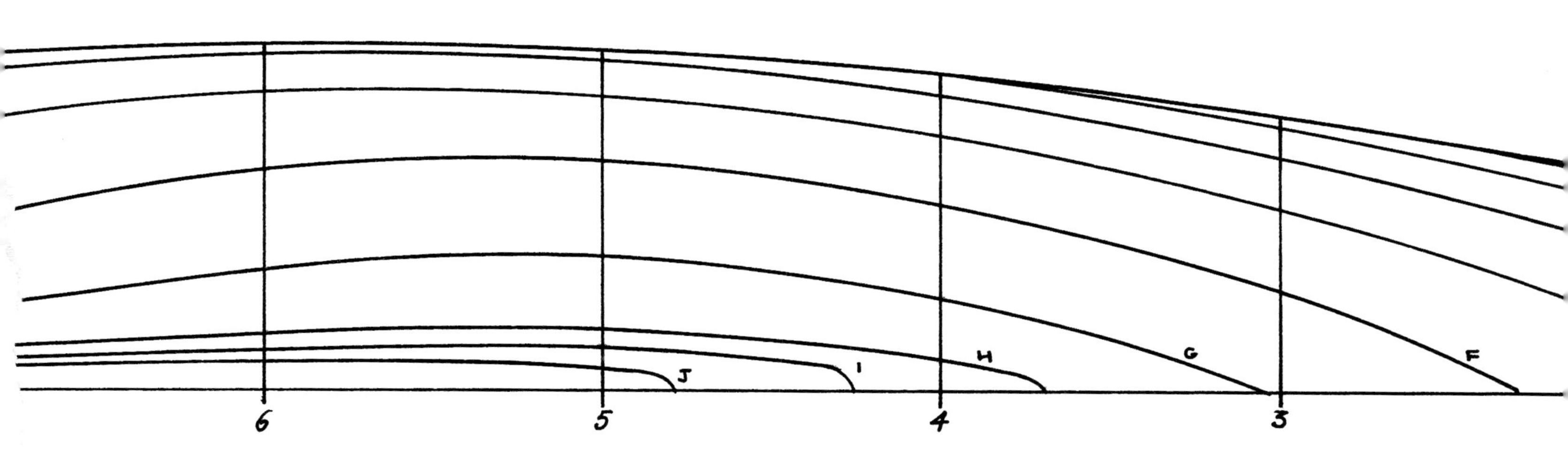

WASSERLINIENRISS

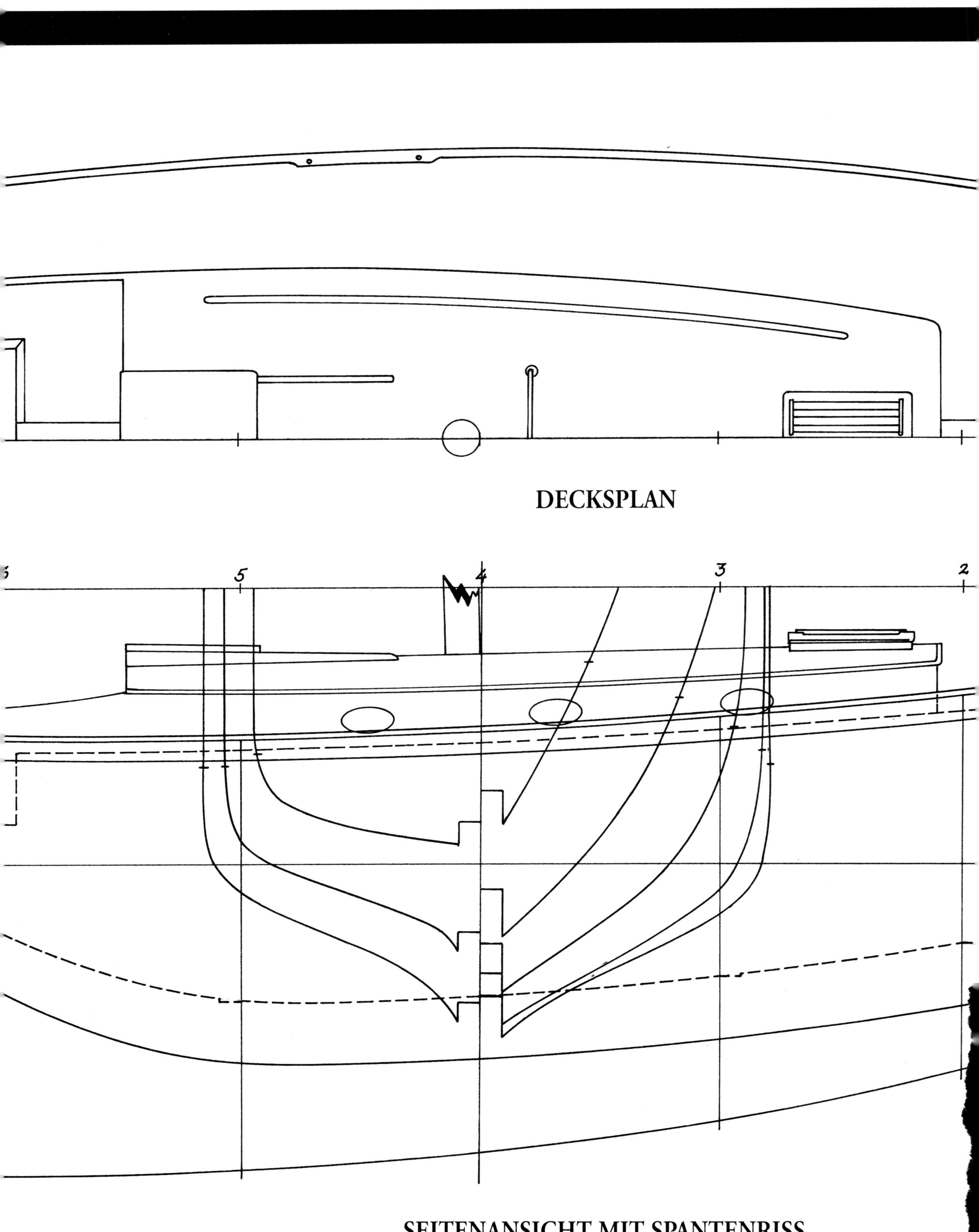
DECKSPLAN
5
4
3
2
SEITENANSICHT MIT SPANTENRISS

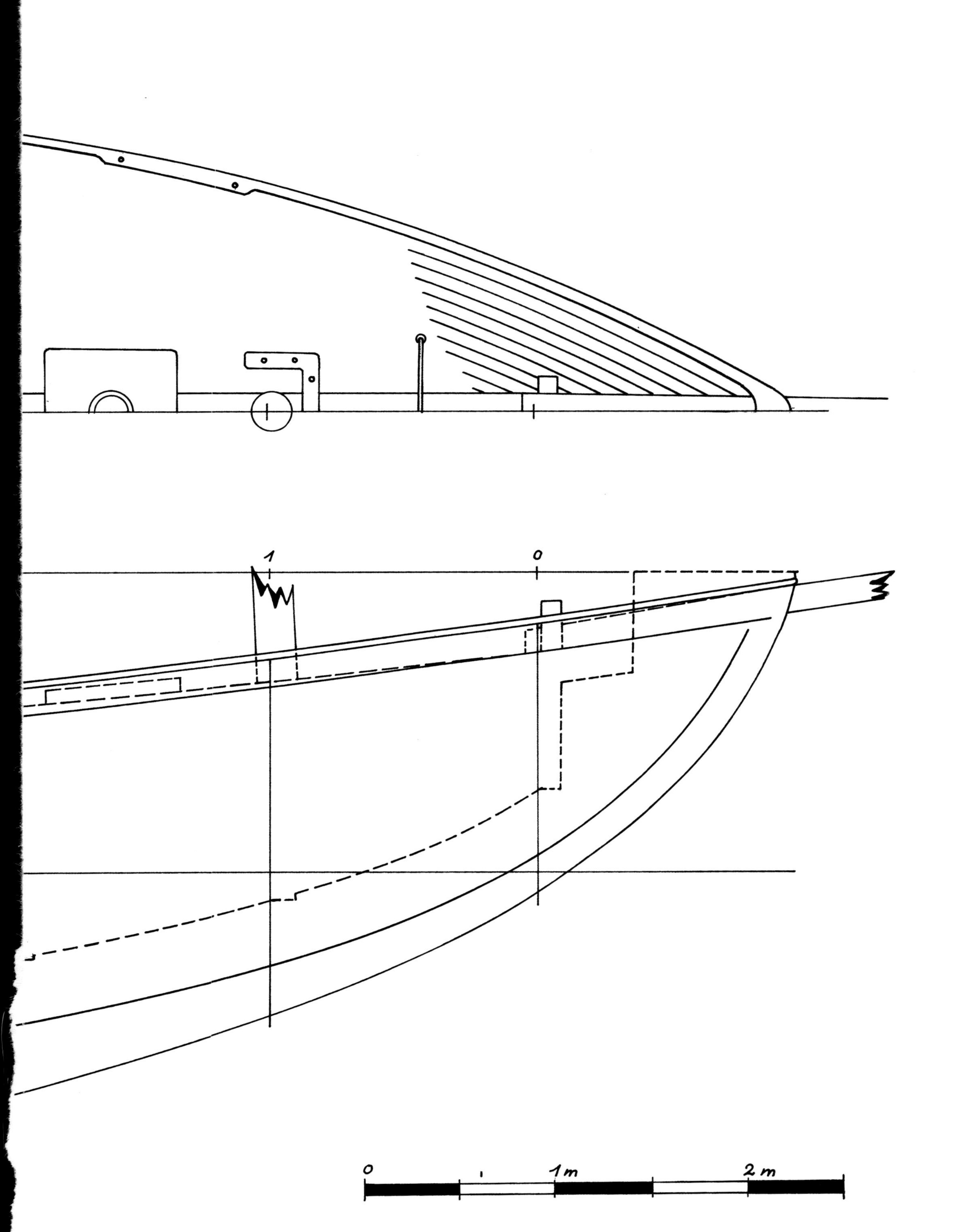

1
0
0
1m
2m

SHAMROCK V
(Halbmodell)

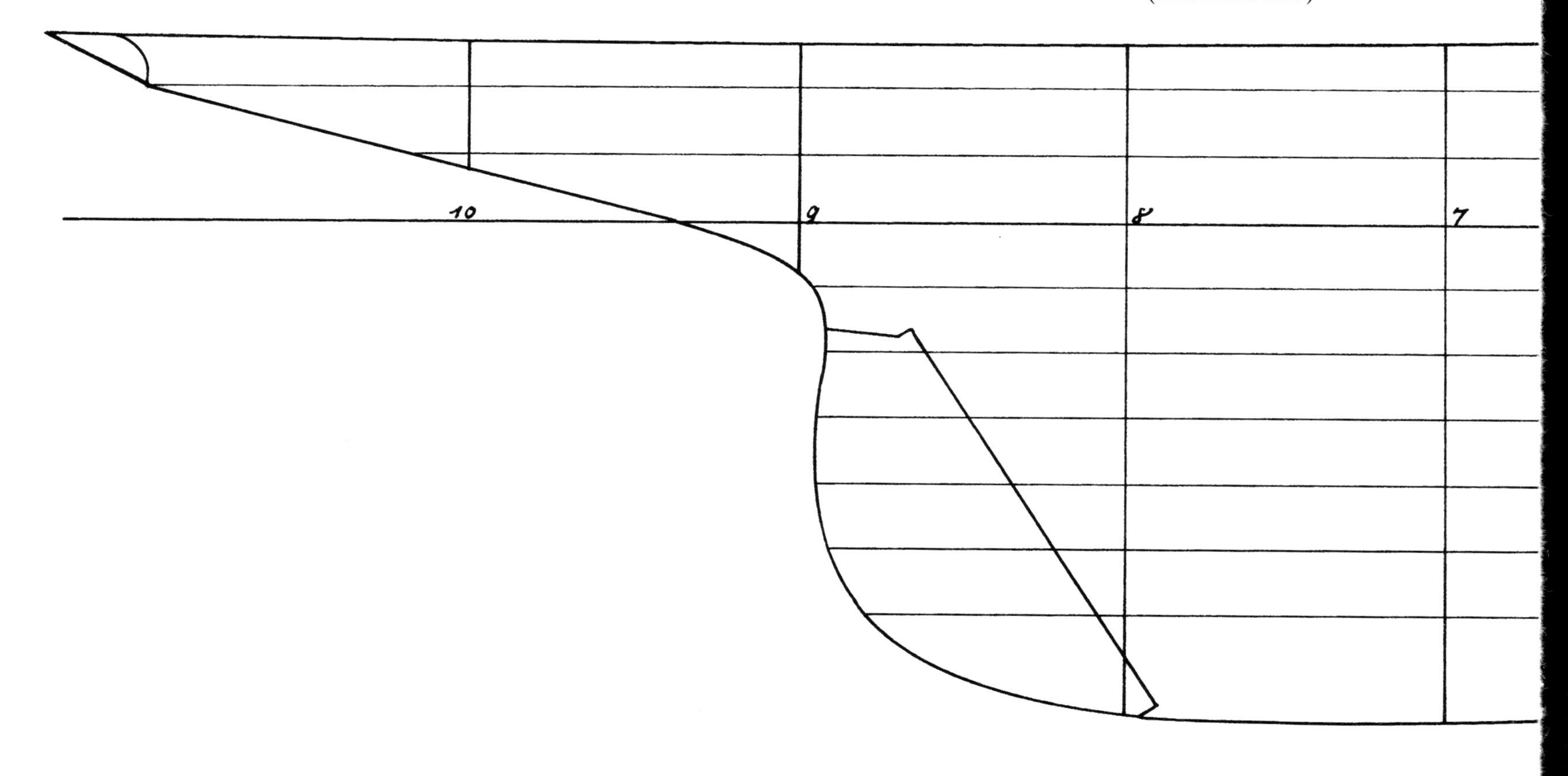

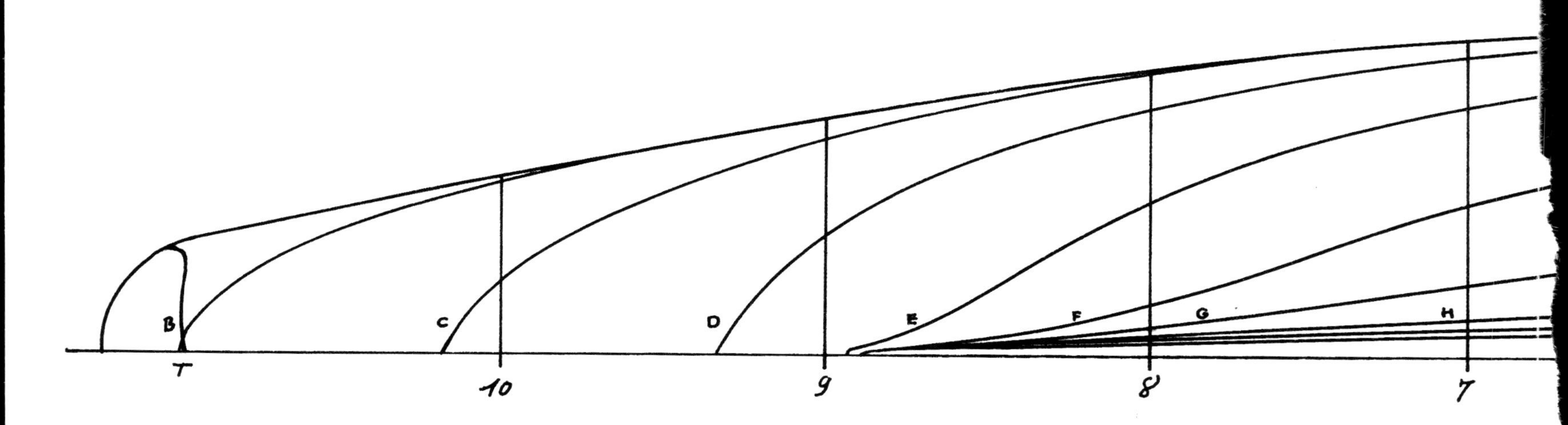

MALABAR II
(Modell)

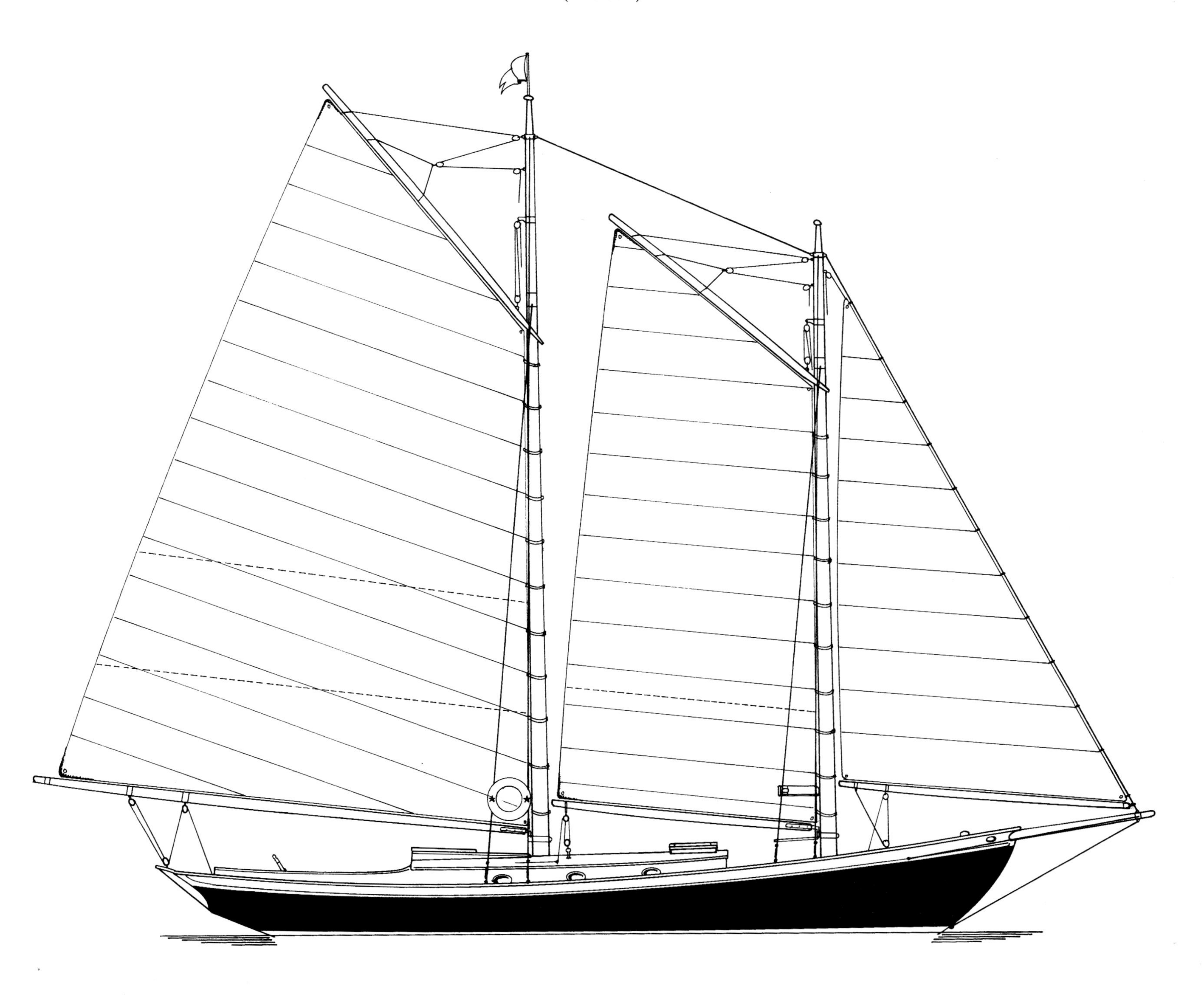

SEGELPLAN

0 1m 2m

Die Sensation im Modellbauhafen

Gute Handbücher für Schiffsmodellbauer sind rar.
Die ***Modellbau***-Bände von Delius Klasing gehören zu den besten.
Sie bieten fundierte Informationen und genaue Anleitungen zum Bau historisch und handwerklich interessanter Modelle.

JOHN MCKAY
Bounty
Alle Details der BOUNTY, des berühmtesten Meutereischiffs der Filmgeschichte, dazu Zeichnungen der ursprünglichen BETHIA und des offenen Beibootes, in dem Käpt'n Bligh 3600 sm durch die Südsee trieb.
128 Seiten mit 13 Fotos sowie 310 Rissen und Zeichnungen, gebunden.
ISBN 3-7688-0865-3

JOHN MCKAY
Victory
Alle Daten und Fakten zu einem der beliebtesten Schiffsmodelle. Entwicklung und Bedeutung des Schiffstyps, Fotos, Perspektivzeichnungen, alle Details von Rumpf, Rigg und der Ausrüstung an und unter Deck.
128 Seiten mit 20 Fotos sowie 331 Rissen und Zeichnungen, gebunden.
ISBN 3-7688-0866-1

XAVIER PASTOR
Die Kolumbus-Schiffe
Niña, Pinta, Santa Maria
Eine historische Dokumentation und exakte Grundlage für den Nachbau der Kolumbus-Schiffe. Der Autor, führender spanischer Marine-Historiker, recherchierte hier erstmals auf der Basis neuer wissenschaftlicher Erkenntnisse die Konstruktion und den Bau dieser Schiffe vor über 500 Jahren.
120 Seiten mit 19 Fotos sowie 180 Rissen und Detailzeichnungen, gebunden.
ISBN 3-7688-0815-7

KARL HEINZ MARQUARDT
Endeavour
Das berühmte Expeditionsschiff Captain Cooks für Modellbauer, erstmals exakt beschrieben und dokumentiert auf der Basis der Originalpläne. Mit Fotos von Modellen und Repliken sowie über 200 Perspektiv- und dreidimensionalen Zeichnungen von allen schiffbaulichen Einzelheiten.
136 Seiten mit 24 Fotos und 220 Plänen sowie Zeichnungen, gebunden.
ISBN 3-7688-0910-2

Erhältlich im Buch-und Fachhandel